歎異抄はじめました

―親鸞聖人から届いたメッセージ―

はじめに

ふたたび大平光代さんと本願寺出版社の書籍でご一緒することとなりました。大平さんの闊達《かったつ》な語りとみずみずしい感性は、本書でも十分に発揮されています。そのあたりをぜひお楽しみください。

第一章や第三章では、大平さんと私がフリーに対話しています。第一章では『歎異抄』、第三章では親鸞聖人・恵信尼公のお手紙を手がかりとしました。いずれも情感あふれる言葉が綴られたテクストです。二人が思いつくままにお話するよりも、何か手がかりがあった方が、深いところへ歩みを進めることができるのではないかと考えたわけです。

また、第二章は座談会となっています。大平さんから「若い人たちの話を聞いてみたい。親鸞聖人とか、浄土真宗とか、『歎異抄』とか、どういう感じに響くのかを知りたい」と提案されたので、私の寺子屋・練心庵のスタッフに集まってもらいました。

みんなの発言はほぼそのまま掲載されています。

『歎異抄』について

『歎異抄』は、「同じ道を歩んでいる者（＝親鸞聖人の教えの流れに位置する人々）」へのメッセージです。にもかかわらず、『歎異抄』は真宗門徒以外の人が読んでも、宗教心を揺さぶる力をもっています。ここが『歎異抄』のすごいところです。異端を歎くという姿勢から始まった著述なのですが、この書が切り開いた世界は人間の宗教性を問うものとなっているのです。

『歎異抄』は、今から七百三十年ほど前に書かれました。著者は、親鸞聖人を直接知る唯円という人物の手によるものだと考えられます。原稿用紙にすればわずか三十枚程度の分量しかないと言われるような書物です。ですから、この一冊で親鸞思想や浄土真宗の教えのすべてが理解できるわけではありません。ましてや、ここから仏教を体系的に学ぶこともできません。それでも、たいへんな求心力を持つ書物として、時代を超えて現代に読み継がれているのです。なにしろ『歎異抄』は、「それまで漠然ともっていた宗教や仏教のイメージが転換する」といった特性をもっています。また、「絶体絶命の時に浮上する言葉」が並んでいます。だからこそ、今なお多くの人々が『歎異抄』を繰り返し求めるのでしょう。そして大平光代さんもそのひとりです。

ただ、本書では『歎異抄』全般を取り上げて論じるのではなく、いくつかの条に着目して、そこから対話を展開しています。

「親鸞聖人御消息」と「恵信尼消息」について

親鸞聖人のお手紙は四十三通（真筆は十一通、他は書写されたもの）現存しています。そのうち年月日がわかっているお手紙が十五通あります。年月日がわかっているもののうちで、一番年代が早いお手紙は親鸞聖人が七十一歳、最後に書かれたお手紙は八十八歳です。大半のものは八十歳代に書かれています。たとえば、「目もみえず候ふ。

なにごともみなわすれて候ふ」（八十六歳時）などといった生々しい老いの様子が書き記された文面もあります。

これらものは『御消息集』『血脈文集《けちみゃくもんじゅう》』『末灯鈔《まっとうしょう》』などに収録されてきました。内容は、同朋・門弟へのお礼状や、質問へのお返事、聖人の身辺に関することであり、『教行信証』や『歎異抄』とはまた違ったおもむきがあります。

また、「恵信尼消息」と呼ばれている文書は、恵信尼公のお手紙八通（これに譲り状を二通合わせる場合もある）を指します。八通のお手紙はいずれも、親鸞聖人がご往生なさってから、恵信尼公が末娘の覚信尼《かくしんに》さまへ宛てて書かれたものです。

「恵信尼消息」は、大正十年に本願寺の蔵（宝物庫）で発見されたそうです。このお手紙の内容によって「親鸞聖人は比叡山で堂僧をされていた」「法然聖人は勢至菩薩の化身」「親鸞聖人は観音菩薩の化身」など、貴重な情報やエピソードが明らかになりました。親鸞聖人や恵信尼公の夢のお話も記されており、とてもリアルです。夢のお話からは法然聖人・親鸞聖人・恵信尼公の関係性を知ることができます。

私は、親鸞聖人・恵信尼公のお手紙を通じて、おそらく大平さんの語りの切れ味が増すことだろうと予想していました。予想通りの反応になったと思います。

本書は本願寺出版社の皆さんのおかげで発刊へと至りました。この場をおかりして御礼申し上げます。また、ライターの大栗典子さん、今回もお世話になりました。練心庵スタッフのみなさんもお疲れ様でした。

なにより、おつき合いいただいた大平光代さん、またお連れ合いの川下清さん、お嬢さんのハルちゃん、ありがとうございました。何度もご自宅で歓待してくださったこと、感謝申し上げます。

釈　徹宗

歎異抄はじめました

―親鸞聖人から届いたメッセージ―

目次

はじめに　2

第一章　釈徹宗と大平光代の『歎異抄』

『歎異抄』に助けられ生きてきた　12
「立ち位置」を変えるとラクになる　22
第二条―ただただシンプルな姿勢　34
第七条―身も心もまかせきる「強さ」　44
第三条―悪人こそ救われる　53
第九条―帰る場所があるからこそ　61
唯円さんって、すごいセンス！　67
第十三条―思い通りにならないからこそ　74
後序―そらごと　たわごと　83
ネットではなく現実を生きる力を　88

第二章　若い世代の悩みと歎異抄

歎異抄の魅力は　94
家の宗教、自分の宗教　99
「幻聴さん」がやってくる　106
ネット社会を生きる　114
若者の貧困について　120
親子ならではの葛藤　127
夫婦ってなに？　132
バリアをはずそう　139
「自分ものさし」から「仏ものさし」へ　145

第三章　世俗を生きた人間親鸞　―ご消息にみる晩年のお姿―

息子善鸞を義絶　154

「玉日」は実在人物か　160
苦悩を経て精力的に著作　162
蓮位による代筆の書状　165
法友の客死に涙　172
家族をもつことによる苦悩　177
往生間違いなし――恵信尼さまの手紙　182
六角堂の夢告　186
恵信尼さまの夢　191
孫の生活に思い悩む　197
先人が歩んだこの道を行く　201

※本文中の引用につきましては、『浄土真宗聖典（註釈版）』『歎異抄（現代語版）』『親鸞聖人御消息　恵信尼消息（現代語版）』（本願寺出版社）を用いております。

第一章　釈徹宗と大平光代の『歎異抄』

『歎異抄』に助けられ生きてきた

大平　釈さん、こんにちは。遠いところようこそお越し下さいました。

釈　大平さんの家に来させていただくのは二度目ですが、今日は自宅ではなく、隣家のアトリエでお話を伺えると聞いて楽しみにやってまいりました。以前、お会いした時に、少し『歎異抄』のお話をされていたので、その時からじっくり『歎異抄』についてお話をしたいと思っていました。今日はよろしくお願いいたします。

大平　こちらこそよろしくお願いいたします。早速ですが、自分の人生を振り返ると、『歎異抄』にずいぶん助けられたように思います。

釈　大変な世界を生きてこられましたからね。

大平　『歎異抄』をじっくりと読み始めたのは、司法試験に合格した後の司法修習生の時でした。司法修習終了と同時に、私は弁護士になって自分の法律事務所を開設するつもりでしたので、この期間中にいろいろ準備をしていたのです。

弁護士という職業は、人のわざわいの中に身を置きます。つまり人が幸せに暮らしているとき弁護士は必要ではありません。何か困った問題が起きて、自分では解決できないようなときに弁護士に相談するという具合です。

ですから、何らかの問題や悩みを抱えている方を相手にしなければなりませんので、法律書以外に心理学とか哲学とかの本をたくさん読んでいたのです。その中に『歎異抄』もありました。当時、『歎異抄』の独特の言い回しがおもしろくて何度も読み返していましたし、離れ小島に一冊持って行くとしたら『歎異抄』と答えるぐらい好きな本でした。ただ、内容を本当に理解しているとは言えなかったと思います。

今の私たちは、六道輪廻《りんね》や解脱《げだつ》と言われてもなかなかピンとこないし、自分の行為の結果で来世は苦をうけるなんてあまり思いませんよね。生まれ変わったらまた一緒になろうね、なんていう人でも（私も主人に言うてます）、虫に生まれ変わって一緒になるなんてことを想像したりしていないと思います。おばあちゃん子で小さいときから仏事に接している私でも、『歎異抄』は宗教書というよりも教養書を読んでいるような感じでした。

　ところが、私の中で、『歎異抄』が教養書から宗教書に変わる出来事があったのです。

釈　ほう。

大平　大阪市助役在任中、公務員の厚遇問題が発覚しました。市民が苦労して納めた税金を湯水のように自分たちのために使っていたのです。私は改革の責任者として、大阪市役所という組織に長年溜まった膿を出し、改革にあたっていたのですが、ひどい誹謗中傷をうけました。私たちの時代のつけを子どもたちに負わせてはいけないという思いで必死に頑張ってきたのに、本意がまったく伝わりませんでした。

　改革の道筋をつけた後、当時の市長が出直し選挙に出るために辞職されたときに、私も辞職したのですが、しばらくマスコミから逃れるために知人の山荘で身をかくしていました。寒い時期だったので暖炉にくべる薪を拾いながら散歩をしていますと、ちょうど山の中腹あたりに琵琶湖が見えるところがあって、夕陽をうけて湖面がきらきら輝いているのが見えたのです。その光に吸い寄せられるように山を下りていきました。そして高架橋になっている駅のプラットホームに上がり、しばらくその輝きをみていたのです。

　すると北風がピューッと吹いてくるのと同時に、「煩悩具足の凡夫、火宅無常の世界は、よろづのこと、みなもつてそらごとたはごと、まことあることなきに、ただ念仏のみぞまことにておはします」という『歎異抄』の一節が頭の中でこだましたんです。その時、はっとしたんです。

釈　『歎異抄』の後序にでてくる一文ですね。

大平　はい、そうです。私はこれまで世のため人のためと思っていたけれど、本当はどうやったんやろう。自分がいいように思われたかっただけじゃないのか。人のためではない。全部自分のためにやっていたことなんだ。そんなふうに思ったときに、煩悩具足の凡夫というのは自分のことだという自覚がはじめてできたんです。その時を境に『歎異抄』が私の中で哲学書から宗教書に変わったように思います。

釈　それで生き方も変えられたのですね。

大平　そうです。もう一度自分の人生を生きろって言われているような気がしました。当時はそのまま政治の世界にいることもできたのですが、『歎異抄』のおかげで、権力や名声に固執せずにすみました。あのまま政治の世界にいたら、強い者にへつらい、人の前では笑顔を取り繕って、弱い立場にいる秘書をいじめたりする人間になっていたかもしれません（笑）。

釈　そういう政治家もいるそうですが（笑）。

大平　結婚して娘が生まれた時にも救われました。娘はダウン症候群をもって生まれ、白血病や心室中隔欠損などの合併症もありました。抗がん剤治療のあと、生後四カ月で心臓の根治手術をして退院しましたが、三歳を過ぎても固形物は何も食べることができず、一回に飲むミルクの量も少ないため、夜中に二回ミルクを飲ませなければなりませんでした。感染症にかかることも多く、夜中に嘔吐《おうと》を繰り返すので、一晩中主人と交替で抱っこしていた時期もありました。だから今、娘が成長してくれているだけで幸せですね。

釈　「世俗の価値に固執しない」は、すべての宗教における大きなテーマです。『歎異抄』からそのことを学ばれたのですね。

もちろん、大阪の政治をよくしていくという活動を続ける選択も素晴らしいとは思いますが、そのあたりの身の引き方が宗教的感性と連動しているのかもしれません。「宗教の教えがどう日常を構築していくのか」ということを研究テーマにしている私にとっても、興味深いお話です。

また、大平さんのお話を聞いていると、「幸せ」ということについて深く考えさせられます。お嬢さんのことについても、ずいぶんご苦労がおありかと推察します。でも、ご家族を見ていると本当に幸せそうです。しかもそれはとても自然な印象をうけます。

とにかく、しがみついたらだめなんだということを『歎異抄』が教えてくれたわけですね。

大平　はい。人生のいろいろな場面で『歎異抄』が教えてくれたことが役立ちました。

子育てより、弁護士の仕事や政治家をやっている方がいいんじゃないのと言われることもありますが、それは世間の尺度です。娘がこの先どのぐらい生きられるかわからないという状態で生まれましたので、私は娘と一日一日を大切に生きていきたい、そう思ったのです。今の人生を自分で選択したように見えますが、おのずとそうなっているような気がします。

釈　なるほど。

そういえば、私の浄土真宗の先生は、「世の中がニセモノに見えてきたら、お前の仏道も少しは進んでいる証拠だ」とよくおっしゃっていましたよ。すごい頑固者でしたが、本物の言葉を語ってくれる人でした。今になって、ようやく先生がおっしゃっていたことが「腑に落ちる」といったありさまです。

たとえば、私の結婚式で先生に主賓のスピーチをお願いしたのですが、「こうして二人、幸せそうにここに座っているが、しょせん人間は独りで死んでいかなければならない」などと話すんですよ。私はそういう先生の言説に慣れていましたが、連れ合いの親類・友人はドン引きだったことでしょう。「この人、嫌がらせに来たんかな」と思ったんじゃないですか（笑）。しかし、歳を重ねるにつれ、あの言葉が身にしみます。あれほど結婚式にふさわしいスピーチはなかったと思うほどです。それは本物の言葉だったからですね。

大平　はっはっは。めでたい席で何を言うてはるねんって感じですが、その先生の言葉のように、『歎異抄』にも真実をわからせてくれる言葉がたくさんありますね。今日は釈さんと『歎異抄』をテーマにお話ができるので、釈さんの解釈をお聞きして新しい発見があるかと楽しみにしています。

釈　やはり人は本物の言葉に出遇わねばならない、そう思います。できれば若いうちに出遇うのがいいですね。

本物の言葉というのは、そのときはあまりピンとこなくても、それが心と身体に潜んでいるものです。そして、絶体絶命の時、どん底の時に、浮かび上がってくる。導いてくれる。ニセモノにしがみつく自分の姿も見えてきます。

その点、親鸞聖人の言葉にはごまかしやとりつくろいがありません。まさに本物の言葉です。だからこそ、いつの世も、人々は親鸞聖人を求めるのだと思います。

大平　本当にそうですね。世の中ニセモノが多くでまわっています。若い人たちに『歎異抄』を読んで、ぜひ本物とニセモノを見分ける力をつけてほしいと思います。

ところで、結婚式のそのスピーチはどんな展開になったのですか。

釈　「しょせん独りで死んでいくのだ」から始まり、続いて「『無量寿経』には、独生独死独去独来とある。人間は独り生まれ、独り死んでいくのが本当の姿である。今は心から愛し合っているつもりだろうが、それでもずっと一緒にはいられないのだ」という話になりました（笑）。そして、「だからこそ、二人の愛情を大切にせよ。簡単に崩れるからこそ、大事にするのだ。ふたりで手をとりあって生きていけ」と語ってくれました。教えと情緒にあふれたすばらしいスピーチでした。

大平　「ふたりで手をとりあって生きていけ」いい言葉ですね。

釈　そうなんです。実はその披露宴に私の高校の恩師が出席していたのですが、その人は「自分の家内は病気で亡くなった。あのスピーチは心をうたれた」とおっしゃっていました。

だから、先生には遠く及ばずとも、私も少しでも本物の言葉を伝えたいという思いはあります。

ときどき大学の講義で、「君たち、『愛はピュア』とか、歌の歌詞に出てくるけど、それは大きな勘違いだ。君たちの言っている愛は、ただの『自分の都合』の投影やで」とか言うのですが、なかなか理解してもらえません。一度などは、講義が終わってから、女子学生たちが教壇にやってきて、「センセイ、よっぽど悪い恋愛ばっかりしてたんやなあ」と言われたことがあります（笑）。

この話も、「愛は虚構である。だからこそ、一緒に、常にケアしないと崩れちゃうよ」と言っているつもりなんですが。

大平　はっはっは。でも「愛はピュア」と思っているうちが花だったりして……。

「立ち位置」を変えるとラクになる

大平　私が『歎異抄』から一番学んだことは、はからいをすてるということです。釈さん、以前にお会いしたとき、キルケゴールのお話をされてましたね。

釈　はい、キルケゴールは、デンマークの哲学者でして、「私自身の信仰や苦しみ」を問い続けた人です。自己の不安や罪、そして死の問題を、他者に投影することなくどこまでも直視しました。彼はこれらの問題を、神と私との関係において解決しようとするんですよ。実は私は、なかなかわからなかった親鸞聖人の思想が、キルケゴールを通して腑に落ちた経験がありまして。

大平　私もキルケゴール読ませていただきました。『おそれとおののき』『死にいたる病』『キリスト教の修練』とタイトルを見ただけで引いてしまいそうになりますが（笑）。

釈　三冊全部購入されたんですか？

大平　はい。『おそれとおののき』だけ新書がなかったので中古を。古書の臭いを醸し出している個性豊かなものが届きました。子どもの頃図書館で嗅いだ臭いです(笑)。虫干ししてからの方がいいかなっと思ったんですが、早く読みたかったので、マスクと手袋をして読みました。

釈　ははあ、図書館に行くとそういう本がありますよね。意外と嗅覚の記憶って長く残りますから。でも今の若い人たちに、「本の虫干し」と言っても知らない人の方が多いでしょうね。

大平　本離れが言われて久しいですし、古書を読む機会もないですからね。

そのキルケゴールは宗教的人間とはどういう人かについて、「宗教的人間とは、あらゆる瞬間にこの世の一切の事を断念し、同時にその一切を神から受け取りなおしている、一切を神から与えられたものとして受け取っている」と言っているんですね。

「一切の事を断念し」というところは『歎異抄』でいうところの「はからいをすて」、「同時にその一切を神から受け取り直している」というのは「おまかせする」ということに似ていますよね。

釈　「はからいをすてる」と「おまかせする」は、『歎異抄』のキーワードでしょうね。

大平　今、私は田舎暮らしをして、庭仕事をしたり、ステンドグラスや油絵を楽しんでいます。うらやましい、こんな生活してみたいと言われることもありますが、娘が生まれてからもバリバリと仕事をするつもりでした。ベビーシッターさんも探して着々と復帰する準備をしていたのですが、娘の様子を見て、自分の手でしっかり育てないといけないと思ったのです。弁護士の代わりはいるけど、この子の母親は私しかいないと。人生の計画が狂ったと思わずに「あるがまま」を受けとめるとこんな暮らしになりました。

『歎異抄』をずっと読んできたので、はからいをすてて自分の置かれた状況を冷静に見ることができました。方向転換ができたのではないかと思います。仕事ができなくなったと嘆くのではなく、立ち位置を変えて、娘を育てることに専念しよう、そこから自分にできることを探してみようと思い直すことから始まりましたね。

釈　でも、これまでバリバリ仕事をしてこられて、急に家庭に入るというのは、言うは易しだけど子育てと家事と大変だったのでは。

大平　実は、私は子どもの頃から祖母に家事の手ほどきをうけていて、たいていのことは何でもできます。私の母は長女で、祖父が大事に大事に育てて何もさせなかったそうです。本当に何もできないのです。卵焼きも焼けません（笑）。祖母は母の育て方を間違ったという思いが強く、私には物心ついた頃から何でもできるように教えてくれました。子どもの頃、「大きくなったら何になる？」と聞かれると、私は「良妻賢母」って答えていたのですよ。

釈　え〜と……、それは笑いをとるためのネタ、ですか？（笑）

大平　いえいえ、本当の話（笑）。今はまだ、「悪妻愚母」といったところですが、良妻賢母を目指して頑張ってます。なにごとも自分の意志で進んでいるように考えがちですが、そうではなくて大きな世界の中に自分という存在があるのだと思います。自分で決めたと思っていても、与えられた役割があって、こうしていきなさいという

「ささやき」によって動かされているような気がしてなりません。

釈　そうなんですか。「こうでなければ納得できない」という人には、そんな生き方はなかなかできませんね。

大平　私もはじめから、今のような生き方ができたわけではありません。もともとは自力作善《さぜん》のひとです（笑）。大阪市助役在任中も心が折れそうになったときは、瞑想や座禅に通ったりしましたし、仏教を学ぶと決めたら修行をしたくてたまらないというタイプです。自力で這い上がりたいし、それができるという自信もありました。でもそれは驕り以外のなにものでもないと気づかされたのです。

これは年齢を重ねてさまざまな人生経験を伴ったからともいえますが、『歎異抄』に出遇ってなかったら、大きなはたらきのなかでおまかせするという発想はできなかったかもしれません。

釈　確かに『歎異抄』の言葉にはそういう力があります。私もこの書でずいぶん「宗教」の捉え方が変わりましたから。また、『歎異抄』の言葉というのは、どこか体に潜んでいて、絶体絶命の時に浮上してくるようなところがある。繰り返しになりますが、本物の言葉って、そういうものなのでしょう。

大平　そうです。言葉が体に蓄積されているのです。なんでもないときは単に「なるほどな」と思うだけだけど、いざというときに出てきます。

釈　そうですね、蓄積される、沈潜する、そんな感じです。これはつまり、「情報」とは違うということです。「情報」は基本的には使い捨てでしょ？　そのときは役に立っても次に新しい情報があったら、もう古いものはいらなくなる。常に消費されていくものなんです。しかし『歎異抄』の言葉はそうじゃない。自分のありかたそのものが問われる、出遇う以前には戻れない、それだけの力がある書だと思います。

それだけに、浄土真宗教団の教学に大きな影響を与えてきました。特に近代以降はその傾向が顕著になります。これは『歎異抄』に展開される思想が、近代思想とがっぷり四つに組めるだけのものだったからですね。

さっきのお話に戻りますと、大事なのは「立ち位置を変える」ということではないかと感じました。ある地点に立っていると、苦しみや怒りの連鎖がとまらない。でも、少し立ち位置をずらしてみると、見える世界が変わる。苦しみや怒りのカタチが変化する。そんなことが起こります。でも私たちはある地点に固着してしまって、なかなか立ち位置をスライドすることができません。何かの教えに導かれたり、別の価値と出会ったりする体験があったり、そういうことを通じて立ち位置が変わるのです。

実は、立ち位置が変わったところで、現実の問題自体は何も解決していなかったりするんですよね。でも世界の意味が変わると、人は苦悩を引き受けて生きていくことができます。

大平　そうです。すでに起こっている問題がなかったことにはなりませんし、問題が解決していることもありません。でも立ち位置が変わるとこれまでとは違う見方ができるのです。若い人たちにも、この立ち位置を変えるということを学んでほしいと思っています。

釈　はい、このことはすべての現代人にとって重要なポイントなのですが、おっしゃる通り、若い人にとって大きなテーマでしょう。というのは、かつての社会のように何世代も同居したり、おじさんやおばさん達と一緒に暮らしたりしているなんてことがめったにありませんからね。そうすると立ち位置が変わりにくいんですよ。

少し立ち位置がずれるだけで見える景色が変わる、ということを繰り返し体験している人はやはりタフです。また、人生の勘どころみたいなものが成熟します。ピンチの時にこそ固着しないといった態度が重要になってくるのですが、人間はピンチになるほど固着してしまうんですよ。ここが難しいところでして。

とにかく、一番重要なことは、仏教が説く「自分は関係性のなかで成り立っている存在」という教えです。これを頭で理解するだけでなく、心身に染み込ませていく。それが固着しない生き方へとつながっていくんじゃないでしょうか。

大平　絶望の中にいると、このまま苦しみが続くと思ってしまう。立ち位置を変えろといわれても、その人のこれまでの経験で学ぶ機会がなかったら難しいかもしれません。だけど、若い人が体得できたら、どんな状況でも生きていけます。

釈　大平さんが言うとなんだか説得力があるなあ。

大平さんのいいところは、立ち位置を変えるだけでなく、どの立ち位置においても積極的に楽しむところですね。自ら関係性も切り開いていく。関係性をどんどんクリエイトしていく。ここが私などはなかなかマネができません。

大平　私も、かつては立ち位置を変えられずに苦しんできました。現実をありのまま受け入れることができず、何とかそこから逃避しようともがけばもがくほど悪くなっていく。まるで蟻地獄に落ちたかのような状況でした。

そこからなんとか這い上がって弁護士になり、社会的な立ち直りを果たせたと言えるかもしれませんが、本当の意味での立ち直りは大阪市助役辞職後、琵琶湖で『歎異抄』の一節が頭の中をこだました時からですね。

立ち位置を変えるためには、まず現状をありのままで受け入れること。否定したいと思う心をおさえて、ありのままを受け入れる。そのためには心を柔軟にしておかなければならないと思います。

釈　武道で「居つき」という言葉があるんです。心や身体が固着してしまうことです。武道では「居つき」が一番ダメなことだそうです。常に心も身体も流動的であることが理想なんです。流れに心身をゆだねる。

また、精神医学でも固着は大きな問題です。心身の状態が悪くなるんですね。こうして、心身の流動性が低下すると具合悪いことを、さまざまな領域が取り組んできたのでしょう。仏教も早くからそのことを指摘していたわけです。この点は、人間の心と身体のメカニズムの問題でもあります。

大平　生きづらくて苦しんでいる若い人たちに、少しでも楽になってほしいです。

釈　そうですね。そのためにも、情報に振り回されず、ホンモノの言葉と出遇うことが大切になってくるのでしょう。

ただ、そのあたりの感性がとてもいい人っているんですよね。「あ、ここから離れないといけないいな」と勘がはたらく。逆に、こだわりが強かったり、自分を守るバリアが強かったりする人は、そういったセンスが悪い。私はどちらかというと、センスが悪い方の人間なのですが。

大平　『歎異抄』のいいところは、「盲信させせない」ことではないかと思っているんです。「あなたを救います、大丈夫」と断言されると、ワラにもすがる思いでいる人は盲信してしまう可能性が大きいです。でも本当は実体もなにもない。しかし『歎異抄』はそうではありませんね。とてもクールなのに、ワヤワヤとずっとまとわりついていてくれます。そして困った時にふわっと立ち上がってくれる。

釈　「まとわりつく」とはおもしろい表現ですね。わかるような気がします。こちらの意思とは別に、なんだか離れてくれないみたいな（笑）。

『歎異抄』は、われわれの心と身体にリミッターを設置してくる感じがします。「こっちの方向に行くと具合悪い」「この方向ですよ」といった導きが繰り返されます。『歎異抄』は異義異端を歎く書物ですが、それと同時に「読む人にリミッターを設定しながら、新たな扉を開く」ことを仕掛けてくるように思うのです。

本来であれば、ここで『歎異抄』全編を取り上げて、ひとつひとつ語り合っていきたいところですが、そういうわけにもいきませんので、まずは大平さんが好きな箇所や、私が気になっているところなどを取り上げて、お話を進めていきましょう。

大平　おまたせしました。ようやく『歎異抄』の内容にはいります（笑）。

第二条──ただただシンプルな姿勢

親鸞《しんらん》におきては、ただ念仏《ねんぶつ》して、弥陀《みだ》にたすけられまゐらすべしと、よきひと（法然）の仰《おお》せをかぶりて、信《しん》ずるほかに別《べつ》の子細《しさい》なきなり。

この親鸞においては、「ただ念仏して、阿弥陀仏に救われ往生させていただくのである」という法然上人のお言葉をいただき、それを信じているだけで、他に何かがあるわけではありません。

釈　『歎異抄』は構成がとても巧みだと思います。前半が親鸞聖人の語録、後半が異義への議論になっています。前半の第二条、第九条にすごくドラマチックな場面をもってきている。後半の八つの章では「専修賢善《せんじゅけんぜん》」への批判と「造悪無礙《ぞうあくむげ》」への批判とを四章ずつ配している。あまり注目されることはありませんが、著者の構成能力の高さは、この書の魅力のひとつでしょうね。

　さて、とてもドラマ仕立てになっている第二条の一節を取り上げましたが、この章はいかがでしょうか？　関東からわざわざ親鸞聖人の同行・同朋たちが質問にくる場面です。

大平　「よきひとの仰せ」というくだりが大好きです。アメリカの心理学者ウィリアム・ジェイムズが、その著『宗教的経験の諸相』のなかで、神はこの世に一度生まれの子と二度生まれの子を持っていると述べています。一度生まれの子は、神を厳格な審判者と見ないで、慈愛と美の権化と見る、こういう傾向を「健全な心」というとすると、そういうタイプの人は、大きな心の転機というものを経験しないで一生を送る。

　それと対照的に、この人生においては悪の面がその本質をなしているという見方があり、生まれながらにしてそうした悪の存在に悩まされる運命を持った人々がいる。そういう人たちは「病める魂」の持ち主であり、その人は第二の誕生というべき転機、つまり宗教的転機を経験することによってはじめて救われる、ということを述べています。私は、もちろん後者の部類です（笑）。私にとっての転機はまさに琵琶湖での『歎異抄』の一節が頭の中をこだましたときです。『歎異抄』がわたしにとっての「よきひとの仰せ」にあたります。

この章では信じるも信じないのもあなたの勝手、私は法然聖人を信じているだけとおっしゃっています。「信じなさい」と言われているわけでもないのに信用できる。「『歎異抄』は盲信させない」ということを最初に感じたのがこの第二条ですね。

釈　そうでしたか。さきほどもおっしゃっていたところですね。第二条の最後、「詮ずるところ、愚身の信心におきてはかくのごとし。このうえは、念仏をとりて信じたてまつらんとも、またすてんとも、面々の御はからひなり」ですね。ここはまるで近代の「個人の信」が展開されているかのようです。ですから特に現代人の心に響くようですね。私の友人も「この一文にしびれる」という人が少なくありません。

大平　「この私」が「この人」についていくかどうかということを、一人一人が問われているのですよね。

釈　第二条で親鸞聖人は、「はるばる命がけで訪ねて来られましたが、私には『ただ念仏して阿弥陀仏に救われ往生させていただく』という法然聖人の教えがすべてです。念仏が往生の因なのか、地獄へ堕ちる行為なのか、私は知らない」と言い放ちます。そして、「たとひ法然聖人にすかされまゐらせて、念仏して地獄におちたりとも、さらに後悔すべからず候ふ（たとえ法然聖人にだまされて、念仏したために地獄へ堕ちたとしても、決して後悔はいたしません）」「いづれの行もおよびがたき身なれば、とても地獄は一定すみかぞかし（どのような行も満足に修めることのできないこの身には、そもそも地獄こそが私の行き先なのです）」と続きます。これらも有名な言葉ですね。当時、善鸞問題や日蓮さんによる批判という背景があったと思われます。このあたり、親鸞聖人が人格のすべて、人生のすべてをお念仏の教えにゆだねている様子が伝わってきます。理屈で理解して歩んでいるといった感じではありません。

大平　日蓮は他宗を厳しく批判していたのですね。

釈　はい。特に、当時大衆の支持を得ていた浄土仏教の念仏への攻撃は非常に厳しかったようです。

大平　親鸞聖人は「ただ念仏して」と、一貫した態度をされていますね。

釈　とても明確であり、余計なものを削ぎ落されている、シンプルな態度ですよね。第二条には、親鸞聖人の信心の基底を見ることができます。それが第二条の前半です。そして、第二条の後半には親鸞聖人の知性のあり方が展開されます。この章は魅力的ですねえ。

大平　じつは、私が生まれて初めて『歎異抄』と出遇ったのはこの第二条。祖母の家の仏壇の横に使い込まれた本があって、ぱらぱらとめくっていると難しい漢字の中に「地獄」と書いてある、子どもですから怖くてあわてて本を閉じました。後でこの部分だとわかったのですけど。

釈　さまざまな宗教を見ていると、「行為に重心をおくタイプ」と「内面に重心を置くタイプ」とがあることに気がつきます。たとえば、ユダヤ教は「行為」を重視します。一方、ユダヤ教から派生したキリスト教は「内面」「信仰」を重視します。後者の場合、しばしば「信」と「知性」「理性」との葛藤が問題になります。知性が信仰の邪魔をするといった構図になるんですね。「信」を中心においた宗教は、知性や理性が信仰の邪魔をするようにとらえます。たとえば、二世紀のキリスト教神学者・テルトゥリアヌスは「不合理なゆえに我信ず」と言ったとされています。実際に言ったのかどうかはわからないのですが、「信」と「知」について考える時、とても示唆深い言葉です。つまり、「信」というのはそもそも不合理であるってことですね。理屈では割り切れない、知性では解決しない、だから「信じる」のです。この問題はキリスト教文化圏において、神学や哲学の大きな問題となってきました。

大平　キルケゴールが著書で、旧約聖書に出てくるアブラハムのことを述べていますよね。この人は「信仰の父」といわれているそうですが、晩年に至るまで子どもがなかったアブラハムが、ようやく授かったイサクという子を、神の命令に従って、何のためらいもなく「はん祭」（古代ユダヤ教で供えられた動物を祭壇で全部焼いて神に捧げること）に捧げようとした、その信仰の深さがたたえられている。キルケゴールは、この行為は道徳的には殺人であるが、宗教的には神の命令に従うという献身の行為であるとしていますね。

釈　今お話に出たのは「イサク奉献」とも呼ばれているとても有名な話です。神がアブラハムの信仰を試すために、ひとり息子・イサクの命を捧げよと命じます。アブラハムは苦悩しますが、ついにイサクを手にかけようとする。そこで神は「お前の信仰はわかった」と、アブラハムを止めます。これはユダヤ・キリスト教では信仰の問題について考察するための重要なテーマとなっています。この話を通じて、信仰と知性や理性との関係、信仰と情愛との関係などを考察するのです。キルケゴールもこれを精緻に論じています。ただ、仏教という宗教はこのような信仰の不条理性があまり問題になりません。仏教では「信」と「知」は表裏一体といった観があります。インド哲学って、信仰のためにあるような哲学なんです。仏教で「信じる」という言葉の語源はシュラッダーとかアディムクティーですが、これは身も心も納得するといった意味です。だから、信知などとも訳されています。仏教では、ただ盲信することを信心とは言いません。教えを受けて、身も心も納得している状態、ゆだねている状態を「信」とするわけです。

大平　よかった。私なんて、娘を捧げろって言われても、絶対にできません。それに、右の頬をぶたれたら左の頬を差し出さずに、二発殴り返してやります（笑）。

釈　うう、ほんとにやりそう……。話をもとにもどしましょう（笑）。

第二条においても、後半は「阿弥陀仏の本願」→「釈尊の言葉」→「善導大師の言葉」→「法然聖人の言葉」と教えが連綿と相承されてきた論理を展開しています。これは伝統的な仏教の方法論でして、天台教学を長年にわたって修練してきた親鸞聖人の身に備わったものですね。

大平　真実の教えというのは「弥陀の本願」、釈さんのお言葉を借りますと、ここがキモなんですね（笑）。「釈尊の言葉」というところを出発点に論理を展開していないところが、「これは信用できるな」と思いました。

釈　以前にも、大平さんがおばあちゃんによって導かれたお話を聞きましたが、ご自身が自覚的にお念仏の道を意識されたのは、『歎異抄』だったのですか。それも第二条がフックになったというわけですね。

大平　大好きなおばあちゃんが手を合わせていたのだからというのが第一段階。大人になって教養のひとつとして『歎異抄』を読むと、親鸞聖人ってよく知らないけれど、この人だったら信頼できるなって。

釈　確かに私も、「この道はニセモノじゃないな」と体感できたのは、うちのお寺の門徒さんたち、お念仏を称えるおじいちゃんやおばあちゃんたちに拠るところが大きいですね。

大平　そこのレベルが大事ですね。若い人も信仰心はなくても、『歎異抄』という書物から本物を感じてくれたらうれしいなと思います。

釈　ああ、そういうことか。大平さんはずっと青少年の問題に関わってこられましたからね。今日は『歎異抄』について二人で語り合うという流れになっていますが、ご自身の経験から「若者に『歎異抄』を」という思いがあるのですね。このあたりはぜひ若い人に意見を聞いてみたいところですね。大平さんの語りであれば、若い世代にも響くことでしょう。

第七条―身も心もまかせきる「強さ」

念仏者《ねんぶつしゃ》は無礙《むげ》の一道《いちどう》なり。

念仏者は、何ものにもさまたげられないただひとすじの道を歩むものです。

大平 第七条も好きです。「何ものにもさまたげられないただひとすじの道」、その言葉の重さがひしひしと感じられるのは、この年齢になってようやくです（笑）。

釈 第七条ですか。ひとつの道を歩むことの力強さが伝わってくる章ですね。また確かに、宗教聖典というのは、加齢にともなって味わいが変わったり、今まで見えなかったものが見えてきたりしますね。歳を重ねてしっくりきた部分は、第七条のどのあたりですか。

大平 念仏を信じて歩むと、「天神《てんじん》・地祇《じぎ》も敬伏《きょうぶく》し、魔界《まかい》・外道《げどう》も障礙《しょうげ》することなし」

というところですね。

子どもの心理と同じだと思いますが、自分は守られている、親に無条件に愛されているという思いがあったら、伸びやかに、そして心穏やかに生きていける。それがない子は、自己肯定感が非常に低くなります。つまり自分を大切にできない。自分を大切にできないということは、他のすべてのものを大切にできないということにつながります。大人になっても誰かが「大丈夫だよ」と言ってくれたら、安心感が湧いてくるのではないでしょうか。安心感が湧いてくれば生きる自信にもなります。

釈　そうか、その部分なんですね。念仏者が諸仏・諸菩薩・諸神に何重にも守られているという物語は、仏典や親鸞聖人のご著作にしばしば出てきます。それは念仏者の人生を伸びやかにしてくれるのかも。

何か大きな存在に心身を任せる感覚がある人とない人では、ずいぶん人生が違うと思います。ただ、ひと口に、すべてをおまかせするなどと言っても、簡単なことではありません。易行《いぎょう》に対して、難信《なんしん》という言葉がありますよね。難信って、よくわかるんです。本願を信じて（信）、お念仏すれば（行）、浄土へ往生する（証）という道筋は、仏教の基本構造に沿ったものですが、あまりにシンプル過ぎて。かえって、身をゆだねることが難しくて。

それに、こだわりの強い人はなかなか「おまかせする」ことができない。でも、本当におまかせできた時の安心感と強さは、他に比肩《ひけん》できない領域でしょう。そのことを第七条は表現していますね。

大平　はからいをすてて、おまかせをすることが大事だなと思うことが、最近またありました。私は年に一回人間ドックを受けているのですが、肺がんの腫瘍マーカー数値がとても高かったのです。むかしチェーンスモーカーでしたし不摂生をしていましたので、自業自得なんですが……。

釈　たばこ吸うてはったんですか。

大平　はい。もと不良です（笑）

それでＰＥＴ検査をすることになって予約を取ったのですが一カ月先になってしま

って。がんかもしれないという疑いの状態で過ごす日々は、なかなかしんどいなと思ったのですが、あれこれ思い悩んでも何も解決しません。そこで結果がどうであれすべて受け入れよう、それで仮にがんだったら残された日々は少ないかもしれない。とすると、しなければならないことがたくさんあります。まず母のことをどうするか。

釈　お母様は、確か大阪のグループホームにいらっしゃると伺いましたが。

大平　はい。私が大阪市助役に就任したときにお世話になりました。それまでは自宅でヘルパーさんと家政婦さん三交代で母の世話をお願いしていました。でもかなりの費用がかかりましたし、私が仕事で疲れて帰ってきてもお構いなしに家政婦さんは他のヘルパーさんの愚痴を言う……これがかなり辛かったです。それで自宅での介護も限界がきまして、当時できたばかりのグループホームでお世話になることになりました。

それから十二年、ずーとそこでお世話になっていたのですが、自宅から母の所に行くのに片道三時間かかります。私にもしものことがあれば、主人にお願いしなければなりません。ハンディのある娘の養育だけでも大変ですから、その上、母のことをお願いするのは心苦しい。ですから、自宅近くの施設に転居しようと受け入れ先を探しました。でも要介護5の母を受け入れてくれるグループホームはありませんでした。

それで、娘がお世話になっていた保育園の園長先生に相談したのです。都会から来た私たちが知らないことを、いつも園長先生は教えてくださるのです。この時も、特養の情報をいろいろくださって……。それほど待たずに自宅近くの特養でお世話になることができました。いろいろな事情もあって母の受け入れ先を探さなければならないと思いながらも、これまでできなかったことが、一気に解決しました（笑）。

それに大阪にいるときはめったに母に会いに行けなかったのですが、今は頻繁に娘を連れて会いに行けるようになりました。

釈　怪我の功名といってよいのでしょうか。

大平　はい。検査の結果、肺の方はまったく問題ありませんでした。

釈　よかったですね。

大平　おかげさまで。それに新たな発見もいろいろありました。検査をするまでの間、娘が毎日私の身体をさすってくれました。身体の調子が悪いと言った覚えはないのですが、娘は何かを感じたのでしょうね。「大丈夫やで、心配しいな」と大阪弁で言いながらさすってくれるのです（笑）。

私が娘を守っているつもりでいましたが、本当は私の方が娘に守られているのではないかと思いました。そしてもっと大きななにかに守られている。

燃え盛る火の海も、守ってもらっていると思えば渡れるんですね。そうでなきゃ怖くて一歩を踏み出せない。守ってくれるのは「人」でも『歎異抄』でもいいと思うのですよ。

釈　『歎異抄』は、我々のもっている枠組みをひっくり返すようなところがあります。「善悪のふたつ、総じてもつて存知せざるなり」とか、「親鸞は弟子一人ももたず候ふ」とか、「親鸞は父母の孝養《きょうよう》のためとて、一返にても念仏申したること、いまだ候はず」など、揺さぶられてしまいますよね。実にキレ味のある箴言です。

それに、「悪人こそが救われる」といった逆説的な表現が出てきます。社会とは異なる価値を提示してくる。だからこそ、我々は救われるわけです。

そうやって私たちは『歎異抄』に揺さぶられていくのですが、その根底には「この道は間違いない」「ホンモノである」という確信があります。だからこそ「無礙の一道」なのであり、この道を数多くの先達が歩んだといった安心感があります。

大平　人生を重ねていろいろなことを経験していくと、第七条が「味わい深いな」と思えます。

釈　う〜ん、なるほど。

おそらく念仏者の道を歩み続けるからこそ生まれる味わいですね。大平さんのおかげで第七条が輝いて見えてきました。

第七条に出てくる「罪悪も業報《ごうほう》を感ずることあたはず、諸善もおよぶことなきゆゑなりと云々」とは、第一条の「念仏の道を妨げるほどの罪もなければ、上回るほどの善もない」と同じような内容です。これって、善悪や知性を超えたある種のジャンプが起こった事態を表現していると思うのです。
宗教というのは、ある地点までは自分の努力や知性で進んでいけても、そこで行き詰まってしまう。そこから先は、努力や知性ではいかんともし難い領域なんです。我が身を捨ててバッと(ジャンプする、それがなければ見えない光景がある。第七条に表現されている力強さは、そのことを教えてくれます。

大平　第五条の「親鸞は父母の孝養のためとて、一返にても念仏申したること いまだ候はず」も、ものすごいジャンプですよね。世の中の多くの人が、仏教の役割はお葬式や先祖供養にあると思っていますから、供養のための念仏はしないと言われると、まず驚きます。

つくづく思うのは、世俗あるいは道徳などという眼鏡をかけて『歎異抄』を読んだらだめだということですね。釈さんは、親鸞聖人は、中国の儒教や道教の要素を排除して仏教の本質を説こうとしたとおっしゃってますよね。第三条なんて特に誤解されるところですね。

釈　そのとおりです。仏教の思想や用語を解釈・翻訳するとき、儒教や道教、老荘思想など中国の伝統的な概念を援用することを「格義」といい、格義仏教は四世紀頃さかんに行われ、中国独特のスタイルを生みました。例えば自然の流れに身をまかせ、あるがままに生きるのを理想とする道教。これが仏教と結びついたのが禅の思想です。格義というフィルターを通して日本に伝わった仏教ですが、そんな夾雑物《きょうざつぶつ》を見抜くセンスを親鸞は持っていたようです。親鸞は、中国の儒教や道教の要素、さらに日本の神道的要素も極力排除して仏教の本質を説いたのです。せっかくですからこのまま第三条にいきましょう。

第三条──悪人こそ救われる

善人《ぜんにん》なほもつて往生《おうじょう》をとぐ。いはんや悪人《あくにん》をや。しかるを世《よ》のひとつねにいはく、「悪人《あくにん》なほ往生《おうじょう》す。いかにいはんや善人《ぜんにん》をや」。この条《じょう》、一旦《いったん》そのいはれあるに似《に》たれども、本願他力《ほんがんたりき》の意趣《いしゅ》にそむけり。

善人でさえ浄土に往生することができるのです。まして悪人はいうまでもありません。

ところが世間の人は普通、「悪人でさえ往生するのだから、まして善人はいうまでもない」といいます。これは一応もっともなようですが、本願他力の救いのおこころに反しています。

大平　この章は、「悪人正機《あくにんしょうき》」として高校の教科書にも引用されるほど有名な章ですよね。「善人でさえ往生するのだから、まして悪人はいうまでもない」と言われると、えっ、反対じゃないの。「悪人でさえ往生するのだから、まして善人ではいうまでもない」と世間一般の人は思います。ただ、先ほどから何度もお話ししてきたように、『歎異抄』は宗教書だということを念頭に意味を理解する必要がありますね。

釈　そうです。第三条を社会の通念で理解しようとしてもうまくいきません。一般的に考えると、「しかるを」以降の「悪人でさえ往生するのだから、まして善人はいうまでもない」というほうが、理屈が通っていますよね。しかし、宗教の世界ではまた別の道筋があります。

ここでの「善人」とは「自力で修めた善によって往生しようとする人」を意味しています。彼らは仏にすべてをお任せしようという「他力」の心が希薄で、自分の修行や善根《ぜんごん》によってどうにかなると思っている。そうした自力の心を持つ人であっても仏は救ってくれます、というわけです。

そして「悪人」とは、「煩悩具足のわれら」です。あらゆる煩悩をそなえている私たちはどんな修行を実践しても迷いの世界から離れられません。阿弥陀仏は、それを憐れに思って本願を起こした、悪人を救うための仏さまです。ですから、その仏さまに頼る私たち悪人こそが浄土に往生させていただく因を持つ――と考える。それが「いはんや悪人をや」ということです。

これを「悪人正機説」といいますね。「正機」とは「傍機《ぼうき》」の対義語です。「機」とは対象の意味です。正機は真ん中ストライクの対象であり、傍機は中心を外れた対象です。他力の仏道においては、悪人こそが正機であり、善人は傍機であるのは当然の話です。これは法然聖人も説かれていたことなのです。

浄土真宗は自分でさとりを開けない人のための仏道ですから、阿弥陀さまは自分で泳げずに溺れている人からまずは救う、そういうことでしょう。でも、もちろん泳げる人も救いますよ、と付け足す。そんな理屈になっています。

あるいは解釈を広げるなら、仏の目から見れば、すべてが悪人です。しかし、自分自身は善人だと思っている人間の傲慢さはどうなのか、というわけです。すなわち、自分自身の中にある悪への自覚に関する問題ですね。

いずれにしても、ここには一般的な社会通念とは異なる価値観が提示されているのです。そして、そこにこそ宗教の本領があると思います。社会とは別のものさしがあるからこそ、人は救われるのです。世俗社会と同じ価値体系しかもたないのであれば、宗教の存在意義はほとんどなくなってしまうのではないでしょうか。たとえば、イエス・キリストが「苦しんでいる者、泣いている者、貧しい者、あなたこそが幸せだ。なぜなら神の国はあなたたちのものなのだから」というのも、まさに宗教的逆説性であると言えるでしょう。逆説的な表現が多い『歎異抄』のなかでも、この条には、究極の宗教的逆説が発揮されています。

そしてこの条では、「悪人」の宗教的意味、社会的抑圧の問題、愚者のための宗教といった、宗教の本質と直結した親鸞思想の特徴が端的に表現されています。やはり第三条を拝読すると、浄土仏教が弱者のための仏道であり、愚者のための仏道であることを再確認できます。だから、「阿弥陀仏、ただ一仏」といった一神教的な性格が強くなるのでしょう。総じて弱者の宗教は一神教化傾向が強くなりますから。もちろん仏教ですから、唯一絶対なる創造神を信仰するのではありませんが。浄土真宗を「選択的一神教」と評する人もいますよね。弱者や愚者にとって、「信じる」という姿勢こそ、生きる術《すべ》です。「信じる」とは、人間のあらゆる営みのなかで最も強いエネルギーをもちます。根源的な力です。苦難の人生を生き抜くための手立ては、信じることです。そして「信」を一点にフォーカスすれば、最も強い状態になりますよね。

煩悩具足《ぼんのうぐそく》のわれらは、いづれの行《ぎょう》にても生死《しょうじ》をはなるることあるべからざるを、あはれみたまひて願《がん》をおこしたまふ本意《ほんい》、悪人成仏《あくにんじょうぶつ》のためなれば、他力《たりき》をたのみたてまつる悪人《あくにん》、もつとも往生《おうじょう》の正因《しょういん》なり。よつて善人《ぜんにん》だにこそ往生《おうじょう》すれ、まして悪人《あくにん》はと、仰《おお》せ候《そうら》ひき。

あらゆる煩悩を身にそなえているわたしどもは、どのような修行によっても迷いの世界をのがれることはできません。阿弥陀仏は、それをあわれに思われて本願をおこされたのであり、そのおこころはわたしどものような悪人を救いとって仏にするためなのです。ですから、この本願のはたらきにおまかせする悪人こそ、まさに浄土に往生させていただく因を持つものなのです。

それで、善人でさえも往生するのだから、まして悪人はいうまでもないと、聖人は仰せになりました。

大平 釈さんは「悪人正機」ではなく、「悪人正因」じゃないかとおっしゃっていますね。

釈 ええ、それは単に第三条には「他力をたのみたてまつる悪人、もっとも往生の正因なり」とあって正機とは書いていない、という話です。

大平 す、す、すみません。この二つの違いがわかりません（笑）。

釈　「悪人正機」の「機」は対象（object）という意味ですから、悪人こそが往生の対象であるという浄土仏教の本質を表現しています。一方「悪人正因」の「因」は原因（cause）の意味ですから悪人こそが往生の原因である、となります。これは徹底した悪の自覚の問題だと思われます。

大平　なるほど。煩悩にまみれた悪人であるということの自覚が必要だということですね。『正像末和讃』にうたわれているように、常に深く自己を内観された親鸞聖人らしいです。

釈　「悪性《あくしょう》さらにやめがたし　こころは蛇蝎《じゃかつ》のごとくなり　修善《しゅぜん》も雑毒《ぞうどく》なるゆゑに虚仮《こけ》の行《ぎょう》とぞなづけたる」という部分ですね。

大平　親鸞聖人のこの部分が理解できていないと、この章だけでなく『歎異抄』で語られている言葉の意味をうけとるのは難しいですよね。「人間の努力を否定する考え」であると批判されたり……。「他力本願」も世の中では自分で努力しようとしないで他人をあてにするという悪い意味で使われています。親鸞聖人はそういうことをおっしゃっていませんよね。

釈　そうです。誤解されやすい部分ですよね。ただ、親鸞聖人は「信心が正因」とおっしゃっておられますので、「悪人が正因」ということになると、おかしなことになってしまいます。このあたりは『歎異抄』の著者の意図を類推するしかありませんが、おそらく「悪の自覚」を強調するための表現だったのでしょう。

第九条――帰る場所があるからこそ

念仏《ねんぶつ》申《もう》し候《そうら》へども、踊躍歓喜《ゆやくかんぎ》のこころおろそかに候《そうろ》ふこと、またいそぎ浄《じょう》土《ど》へまゐりたきこころの候《そうら》はぬは、いかにと候《そうろ》ふべきことにて候《そうろ》ふやらんと、申《もう》しいれて候《そうら》ひしかば、親鸞《しんらん》もこの不審《ふしん》ありつるに、唯円房《ゆいえんぼう》おなじこころにてありけり。

念仏しておりましても、おどりあがるような喜びの心がそれほど湧いてきませんし、また少しでもはやく浄土に往生したいという心もおこってこないのは、どのように考えたらよいのでしょうかとお尋ねしたところ、次のように仰せになりました。

この親鸞もなぜだろうかと思っていたのですが、唯円房よ、あなたも同じ心持ちだったのですね。

釈　さて、次は第九条を取り上げました。先ほどもお話ししましたように、前半においては第二条とこの第九条がとてもドラマチックです。第二条は集団場面ですが、第九条は親鸞聖人と唯円さんのダイアローグになっています。

唯円は「念仏しても躍り上がるほどの喜びが湧きあがってこない」「急いで浄土へと往生したいといった思いが起こらない」と親鸞聖人に相談します。すると聖人は「私も同じである」と応答する。このやり取りって、私たちもすごく共感できるものですよね。『無量寿経』には、「歓喜踊躍《かんぎゆやく》して乃至一念《ないしいちねん》せん」とあります。躍り上がるような喜びをもって、たとえ一声の念仏でも称える、そういう意味です。また、親鸞聖人も「阿弥陀仏の御名をきき　歓喜讃仰《さんごう》せしむれば（阿弥陀さまの名号を聞いて、歓喜して讃え仰げば）」と語っておられる。苦悩や悲嘆にまみれたこの人生であるが、お念仏の教えに出遇《あ》うことで、ありがたい一生であったと喜びに満たされる、そういう仏道です。ところが、大きな喜びがあふれるわけでもなく、浄土へ往生したい気持ちもないというのです。

さらに親鸞聖人は、「病気をしたら、死ぬのではないかと心細く思う」「名残はつきないが、娑婆の縁が尽きて、どうにもならなくなって、この世の生が終わる時、お浄土へと参るのだ」と告白されます。「いまだ生れざる安養浄土《あんにょう》はこひしからず候（まだ生まれたことのないお浄土は、慕わしく思うことができない）」とおっしゃられる。この時、聖人は八十歳を超えておられます。

このような人間の実相を語られるとともに、「そんな煩悩を抱えた者だからこそ、いよいよ往生は間違いないのだ」といったお話を展開されます。そのような者のための仏さま（の誓願）だからです。また、お念仏の教えに出遇ったからこそ、自身の煩悩が見えたのです。

この第九条は、親鸞聖人の特性がとてもよく表れていると思います。こういう思想を展開する人はなかなかいません。

大平　ほんとうに、そんなん言うてええんですかって感じです（笑）。

前掲のウィリアム・ジェイムズは著書のなかで、回心《えしん》という宗教的経験は、それまで分裂して、邪悪で劣っていて不幸であると意識していた自分が、宗教的な実在を確証した結果、統一され、正しく優秀で幸福だと意識するようになる突発的な過程をあらわすとし、そのときに起こる感情的な経験について、高い力の支配という感じと、いままでに知らなかった心理を悟ったという感じであり、世界が客観的に変化したように見えるという感じと述べています。そして、最後に、「回心を経験して、ひとたび宗教生活に対する一定の立場をとったひとは、その宗教的情熱がどれほど衰えることがあろうとも、あくまで宗教生活を自己の生活と感じる傾向がある」と、スターバックの言葉を援用しています。

おそらく唯円さんは、いったんは回心したものの、念仏しても当初感じたような喜びの気持ちが湧いてこないし、宗教的情熱が衰えているのではないか、と不安になって尋ねたのではないでしょうか。それに対して親鸞聖人は、そんな唯円さんの気持ちに寄り添われている。こと信仰の問題にあっては、親子であってもその縁を絶つほどの厳しい親鸞聖人ですが、優しさと情愛にあふれた一面を垣間みることができるこの条が大好きです。

釈　この人間の幅というか懐の深さが魅力ですね。

大平　お浄土に往くというのは、自分が帰る場所があるということですよね。現実に帰るのは今すぐでなくても、帰る場所があるというだけで、現世を安心して生きられるのではないでしょうか。

釈　帰るところがあるから、苦悩の人生を生き抜いていける、そういうことですね。子どもだって、帰るところがあるからこそ、夢中になって遊べるわけですからね。帰るところがなければ、日常はとても過酷になる。

大平　養護施設で育った子どもたちに帰る場所をつくる活動をしていた方とお話する機会がありました。帰る場所があるだけで社会に出てもがんばれる、帰る場所がないと根無し草みたいになって誘惑に負けやすいと養護施設の先生方がおっしゃっていました。

私たちにとっても心の帰る場所はとても大事で、お浄土があると思えば苦しい現世を生きられるのではないでしょうか。

釈　まだ帰りたくないけれど、帰るところがあるから、この世を生きていける。そう考えると、まさに凡人の道と言えるでしょう。達人の仏道・聖者の仏道ではなくて、愚者の仏道・弱者の仏道という感じがします。

それにしても、よくぞこの章が後世に残ったものだと思います。第九条がなければ、親鸞聖人の「煩悩と救い」の緊張関係を知ることは難しかったかもしれません。しかし、この対話があるおかげで、とてもリアルに伝わってきます。唯円さんにしても、聖人にしても、まさに「告白」ですよ。唯円さんは、この質問をするのに相当な決心が必要だったのではないでしょうか。たまたま二人だけになったとき、「思い切って聞いてみよう」と思ったんじゃないでしょうか。まさか、「そうか、私もだ」と答えるとは予想もしていなかったでしょうね。この言葉は、その場にいなきゃ絶対書けない文章でしょう。よくぞ尋ねてくれた。よくぞ書き残してくれた。そう思います。

唯円さんって、すごいセンス！

大平　これを残すセンスがすごいですね。

釈　さっきもお話ししましたが、唯円さんの構成能力は高くて、エピソードの配置もいいんですよ。全十八条の中で、第二・第九・第十三にストーリー性のあるものをもってきている。そして、短い語録は真ん中あたりに集めて、冒頭と最後に重たいものを配置する。後半は、当時の問題であった異義・異端の「造悪無礙《ぞうあくむげ》」と「賢善精進《けんぜんしょうじん》」を交互に配置しています。

『歎異抄』は親鸞聖人の言葉の強さもありますけれども、唯円の構成能力・文章力というのも見逃せないと思いますね。

大平　親鸞聖人にいっぱいお話を聞いたけれども、「これは書いたらあかんかな」と思った部分もあったのでしょうね。

釈　著者には学識があったことは確かですね。『慕帰絵詞《ぼきえし》』には、唯円について「鴻《こう》才弁舌《さいべんぜつ》の名誉あり」と書いてあります。だから、ことというところはきちんと論証していますね。真言宗や『法華経』のことなどに関しても述べています。親鸞聖人のお手紙や『愚禿抄《ぐとくしょう》』の引用もあるので、幅広い知見をもった人物だったのでしょう。だから、後世に誤解を生むような話は避けたかもしれませんね。そう考えると、第二条・第九条・第十三条のエピソードは、かなり自覚的に組み込んだ可能性もあります。また、第一条から第十条まで綴られる親鸞聖人の語録部分、つまり前半はもともと門弟たちの間で伝わった師訓書みたいなものだったかもしれません。

ただ、『歎異抄』は単なる学術論書ではなく、著者の歎きといった情緒面をベースにして成立しているところも特徴でしょう。

大平　この著者の歎きがとても魅力的ですね。独創的ですし。時代を超えて多くの人々に読み親しまれてきたのも、このところにあるように思います。

釈　魅力がありますよね。

とにかく、この第九条によって、「へえー、親鸞聖人って、こんなこと言う人だったんだ」と知ることができます。「病気なったら死ぬんちゃうかと思って心配になる」なんて。

大平　親鸞聖人は、比叡山で二十年間も厳しい修行に励まれてきました。ひょっとしたら自分が偉すぎたら民衆との乖離《かいり》が生じるので、そこを埋めようとされたのではと思ったりするのですが。あえて上からおりてきてくださったのではないかと……。

釈　第九条の語りは、親鸞聖人による唯円への優しさや指導的意味が含まれていた、ということですか。そうかもしれません。あるいは、著者が親鸞聖人の凡夫的側面を強調しようとした面もあるかもしれませんね。少なくとも、ここでの言葉で私たちは聖人をとても身近に感じることができることは確かです。

著者は、「数ある親鸞聖人のエピソードから何を取り上げて書き残すべきか」について腐心したことでしょう。第九条で描き出される信心の世界、すなわち「踊躍歓喜の心が起こらない。急いで浄土へ往生したい思いが起こらない」「しかし、そういう私であるからこそ、阿弥陀さまのお救いは間違いない」という構図ですね、このふり幅や揺れが『歎異抄』全体を彩っていると思います。

大平　さっきの釈さんの結婚式のスピーチと論理の落としどころはいっしょですね。

釈　そうですね。人間の実存を語る面と、教えの真実を語る面と、双方がグルグルしています。『歎異抄』の異義・異端への批判も、同様の態度が見られます。ひたすら一方を批判したり、自分の正統性を主張したりするのではなく、こちらを批判して、またあちらを批判して、理屈がグルグル回っているんです。第十三条の後半あたりは特徴的です。この態度はとても仏教的であると思いますし、高い宗教性を感じます。

大平　『歎異抄』を好きな人は、そのグルグル回る魅力にとりつかれているのでしょう。

釈　そうなんですよ。簡単に「わかった」という気にさせてくれない、読み手自身のあり方が問われる。だからこそかえってそこにイキイキとした生命力を感じます。生物学で「動的均衡」という言葉があります。すべてがダイナミックに動いているからこそ見事な均衡が保持されている状態。だから単なる異義・異端への批判書にとどまらない。現代人が読んでも生きる力に直結する。そういうところが『歎異抄』にはありますね。

大平　親鸞聖人は、お弟子さんはいないとおっしゃっていますが、ものすごく優れた指導者だと思います。

釈　また言葉遣いが丁寧ですよね、全編にわたって。そういうお人柄だったのでしょう。聖人は自分よりも五十歳近く若い唯円に対しても、とても丁寧な言葉遣いをされています。遺されたお手紙を読んでも、やはりすごく丁寧な文体です。誰に対しても丁寧な言葉遣いをする方だったと思いますね。第六条には、「親鸞は弟子一人もたず候ふ」のフレーズが出てきますが、けっして口先だけではなく、「私の弟子ではない。すべては如来さまの弟子である」とのお味わいがあったわけです。

しかし、その一方では、第二条のように、はるばる命がけで訪ねてきた人を「面々の御はからひなり」と撥《は》ねつけるような厳しさもあります。

大平　そういう意味では、指導者としての勘もすごくいい方だと思います。

釈　押したり引いたりの勘どころですね。師の法然聖人はまさにそういうタイプの人だったようです。教育者としても優れた人でした。だから、親鸞聖人を始め、弁長《べんちょう》や証空《しょうくう》などキラ星のように多くの人材を世に送り出しています。親鸞聖人にも、師匠ゆずりの勘どころの良さがあったかもしれませんね。

また、親鸞聖人は「一緒に泣く」「一緒に歌う」ような人でした。近代になって、「孤高の実存哲学者」「研究者のような求道者」といった側面が強調されますが、他方ではとても情愛豊かな人だったわけです。

そして、仏道に関してはとても厳しい。「念仏以外に往生の道を知りたいなら、南《なん》都北嶺《とほくれい》へ行け」と言い放ち、信心が異なれば頼りにしていた息子でも絶縁する。

大平　本当に苦しんでいる人、殺生をしなくては生きてゆけない人たちを救うには厳しさだけではいけない。煩悩具足の凡夫をどのように導いていったらいいのかを本能的に知っていらっしゃったのだと思います。

釈　親鸞聖人はほとんど自分自身のことを書き残しておられませんので、いろいろ類推するしか手はありませんが、おっしゃるような才覚をもっておられたかもしれません。

こうしてみると、第九条の対話場面の記述がいかに貴重であるかが実感されます。

第十三条―思い通りにならないからこそ

またあるとき、「唯円房《ゆいえんぼう》はわがいふことをば信《しん》ずるか」と、仰《おお》せの候《そうら》ひしあひだ、「さん候《ぞうろ》ふ」と、申《もう》し候《そうら》ひしかば、「さらば、いはんことたがふまじきか」と、かさねて仰《おお》せの候《そうら》ひしあひだ、つつしんで領状《りょうじょう》申《もう》して候《そうら》ひしかば、「たとへばひと千人《せんにん》ころしてんや、しからば往生《おうじょう》は一定《いちじょう》すべし」と、仰《おお》せ候《そうら》ひしとき、「仰《おお》せにては候《そうら》へども、一人《いちにん》もこの身《み》の器量《きりょう》にては、ころしつべしともおぼえず候《そうろ》ふ」と、申《もう》して候《そうら》ひしかば、「さてはいかに親鸞《しんらん》がいふことをたがふまじきとはいふぞ」と。

またあるとき聖人が、「唯円房はわたしのいうことを信じるか」と仰せになりました。そこで「はい、信じます」と申しあげると、「それでは、私がいうことに背かないか」と、重ねて仰せになったので、つつしんでお受けすることを申しあげました。すると聖人は、「まず、人を千人殺してくれないか。そうすれば往生はたしかなものになるだろう」と仰せになったのです。そのとき、「聖人の仰せではありますが、わたしのようなものには一人として殺すことなどできるとは思えません」と申しあげたところ、「それでは、どうしてこの親鸞のいうことに背かないなどといったのか」と仰せになりました。

釈　第十三条はどうですか。「ひと千人ころしてんや」というところ。

大平　自分が人を殺さないからといって、自分の行いが良いわけでないという……。「たまたま殺す機会がなかっただけだから、自分の善行だと思うな」ということですよね。

釈　ここのところは、すべては縁によって成り立つという仏教のベースに基づいて、人間の実相へと鋭く切り込むようなお話です。親鸞聖人は、唯円に向かって「善も悪も、君の意思でどうにかなるものなのか?」と問いかけます。

これもまた、「こんな対話をする人だったのだな」とびっくりしますが。第十三条も、よくぞ書き残してくれたと感謝したい章です。「縁があれば何をしでかすかわからないこの身なのである」という親鸞聖人の人間観を垣間見ることができます。

唯円さんは、まるで喉元にナイフを突き付けられるような思いだったんじゃないでしょうか。

大平　この唯円さんの「この身の器量にては、ころしつべしともおぼえず……」という表現、おもしろいですね。それに、この第十三条のぐるぐる感、すごいですね。行って戻ってまた行くって感じで着地点がなかなか見えない。ただ、『歎異抄』から伝わってくるもの、息づかいと言っていいでしょうか、「如来のはたらきに身をゆだねて救われる喜び」というものが、この第十三条からもひしひしと感じられるのですが。

釈　この条を宿命論で解釈する向きがありますが、ここで問題になるのは明らかに人間のもつ闇の自覚だと思うのです。親鸞聖人は、自分がどれほど一生懸命仏道を歩んでいても、何かの契機によっては、悪に手を染めてしまうという自覚をずっと持ち続けた人です。自分が生きていくぎりぎりのところで、何が善で何が悪か、自分にはわからないと告白する親鸞の思想を表現しようと、唯円はいろいろ工夫しているように見えます。

大平　私が十代の頃は、けんかで誰それが誰それを傷つけ、場合によっては殺害してしまったということは日常茶飯事でした。そういう環境にしばらく身を置いていたので、いつ自分がその立場になってても全然おかしくありませんでした。

でも私がそうならなかったのは、私の意思ではないように思います。たまたまそういう状況に出会わなかった、あるいは私がその場を離れた後でそういう事態になっていたということです。それを十代の頃に経験しているから、第十三条を全く違和感なしに、「ああ、おっしゃるとおり、おっしゃるとおり」だと思った。

釈　それはまたリアルなお話ですね。一歩まちがっていたら……。

大平　そうです。私は閉ざされた空間で生活することになっていたかもしれないし、その後、どうなっていたかわかりません。

釈　第十三条がすんなり身に染み込むなんて、すごい経験をされてきたのですね（笑）。しかし、「一歩まちがえたら、なにをしでかすかわからない私」「息を引き取るその日まで、縁によっては、とんでもないことをしてしまう私」といった自覚こそ、もっとも倫理的な態度であるといえるでしょう。むしろ、その自覚なしに社会生活や家庭生活を行うことは具合が悪いんじゃないでしょうか。

大平　私のような余計な経験はしなくても（笑）、たとえば、もし外国に生まれてイスラム教徒として過酷な環境を生きていたら、自爆テロをしているかもしれない。そう思えることが人間としての自然な想像力だと思うのですよ。それを止めるブレーキがあるかどうか、それがどんなものかは人によって違いますが、「一歩まちがえたら自分だって」という意識があるかないかでぜんぜん違うのですよね。

釈　そうですね、それは「当事者意識を手放さない」ということです。他人事だとスルーしてしまわない。

これも『歎異抄』が仕掛けてくるリミッターのひとつだと思います。「君だって、善人面して暮らしているけれども、一歩まちがえれば何をしでかすかわからないでしょ？」と、普段は見ないようにしている自分の影の部分を突いてくる。このような「当事者性を手放さない」という問題は、宗教において大きなテーマとなります。たとえばキリスト教が社会福祉に熱心であるのも、常に当事者性が問われるためです。第十三条の前半は、倫理学的にも宗教学的にも、いくつか論点があります。

大平　自分だったかもしれない、という意識を持てない人は逆に信じられないですね。

釈　大平さんは以前、「そもそも人生は思い通りならないと痛感してきたからこそ、何が起こっても大丈夫なのだ」とおっしゃってましたね。そして、そのことを『歎異抄』から学んできたと。これは私自身とても教えられました。我々はいつのまにか、人間関係や善悪や老病死について、コントロールできるような気になっている。だけど、時に、なにひとつ思い通りになんてならないってことを、あらためて実感する……。

大平　私は思い通りにならないことをずっと感じてきたのです。

釈　「生きる」ってことは、「思い通りにならない」。仏道の第一歩はそれに向き合うことから始まります。人生は思い通りにならないことがデフォルト（あらかじめ設定された標準の状態）なんですね。それが仏教の立場です。このことを、普段から繰り返し向き合っておくことが大事なんですよね。

大平　思い通りいかないことが前提だと、うまくいった時に幸せを感じることができますよね。うまくいくことが前提だったら、ちょっと悪いことがあると落ち込んだりする。

それは真逆の立ち位置にいるということですけど、どちらの人生のほうがより豊かに過ごすことができるのかというと、日々の喜びを感じながら生きるほうが私は豊かだと思うのです。

釈　えっ、ちょっと意外。大平さんって超ポジティブ・シンキングの人だと思っていたのに。そんなネガティブ思考が（笑）。

失礼しました。冗談です。大平さんが語っているのはネガティブ思考じゃなくて、仏法に基づいた視点なんですよね。わかっています。

大平　なるようにしかならないと思っているけれど、とりあえず最悪を仮定して、最善の方法を探す努力はするようにしています。

釈　たとえば、仏教には「布施」という実践行為がありますでしょう。これは、「分かち合う実践」であり、「手放していく実践」なんです。それを普段から行うのです。分かち合うトレーニング、手放すトレーニングですね。我々は、いずれ何かを手放していかなくてはならないでしょう。若さや健康を手放していく、愛する人と別れていく、すべてを手放さなければならない。しかし、ここ一番という時にだけ都合よく手を放すことはできません。今まで必死にしがみついていたなら、手放す時の苦悩は強烈です。だから、普段から自覚的に手放すことを実践するわけです。これも、生きることは思い通りにならない、へと向き合う手立てなんですね。

大平　私の場合、自然にそのようなトレーニングをする習慣になってしまっています。分かち合う実践のお布施、私は寄付という行為がほとんどですが、いつも何かさせていただけることはないかと考えています。それが当たり前になっていますね。
十代は悔しく理不尽なことに泣く人生でした。ところが、いつ頃か覚えていませんが、「同じ一日なら泣いて過ごすより笑って過ごそう」と思った時期があったのです。それが人生の転換期だったように思いますね。急に変われたわけではありませんが、心の片隅に少しでも思っているということが大事。なにごともちょっとずつ訓練しているみたいに、日々の生活のなかで意識をする……。

釈　ああ、それが最初に語り合った「立ち位置をずらす」という態度を生み出してきたのかもしれません。ずらすことができる心と身体を少しずつ養ってこられたのでしょう。次々と起こる不条理な苦しみに対して、立ち位置をずらすことで見事に生き抜いてこられた。
思い通りならない事態に対しては、「少しずつ」というのが適切な態度ですね、きっと。

後序―そらごと　たわごと

「煩悩具足《ぼんのうぐそく》の凡夫《ぼんぶ》、火宅無常《かたくむじょう》の世界《せかい》は、よろづのこと、みなもってそらごとたはごと、まことあることなきに、ただ念仏《ねんぶつ》のみぞまことにておはします」とこそ仰《おお》せは候《そうら》ひしか。

「わたしどもはあらゆる煩悩をそなえた凡夫であり、この世は燃えさかる家のようにたちまちに移り変る世界であって、すべてはむなしくいつわりで、真実といえるものは何一つない。その中にあって、ただ念仏だけが真実なのである」と仰せになりました。

釈　さあ、いよいよ出てきましたよ。大平さんの心に響いた言葉が……。

大平　本当に。人生をやり直しできたのはこの言葉がきっかけですから。と言うと、

「いつのこと?」と言われたりするのですが、大阪市助役辞任後です。社会的意味での立ち直りは弁護士になったときですが、心はまだ立ち直っていませんでした。

釈　というと。

大平　北新地のクラブで酒浸りの毎日から人生をやり直そうと、まず宅建の勉強をはじめましたが、ただただ、いじめた相手や世間を見返したいという思いからでした。試験に合格するとその思いはだいぶ薄れましたが、それでも尺度はいつも世間でした。大阪市助役になって改革をしていたときも、世の中のためという思い上がりがありました。そんな自分に、「みなもってそらごとたはごと……」と。目が覚めました(笑)。ところで、今の若い人にとって苦しみの原因となっているのは何が一番なのでしょうか。

釈　そうですね。私は新聞や雑誌でお悩み相談のコラムをやったり、テレビで相談コーナーをやったりしてきましたが、若い人の悩みで一番多いのは「人間関係について」でしょうか。もちろん、貧困や進路についての悩みも多いのですが、目立つのはこの問題ですね。今またアドラー心理学が流行っています。これまでも何度かブームがあったんですよ。アドラーという人は、「すべての人間の苦悩は、つきつめれば人間関係に行き着く」と考えた人なんです。だから、何度もアドラー心理学が流行るということは、現代人がいかに人間関係に苦しんでいるかの証左だと思います。

特に若い世代は、自分が所属しているところから外されてしまったら生きていけないのでは、などといった思いがあるみたいです。

大平　私も中学校でいじめをうけて自殺未遂をして、それでも当時は仲間が欲しいと思っていましたから。今では外されてもどうってことない。でもそう思えないのが苦しみのもとになっているのですね。

釈　悩みのループにはまり込んでしまうと、自動思考に陥ってしまいます。自動思考というのは、思考がいつも同じところへといってしまう脳の回路みたいなものです。こうなるとなかなか悩みの渦から抜け出すことができません。どんな出来事でも、つねに「私は嫌われている」へとつながってしまう、「私は誰からも必要とされていない」へとつながってしまう。苦悩の連鎖が止まらなくなります。

大平　ありのままを受け入れて愛された経験がないのが原因のひとつかもしれませんね。親から愛されても条件つきだったり。例えば、親の言うことを聞いていたら愛される、成績が良かったら愛される、でも言うことを聞かなかったら、成績が悪くなったら、もう自分は愛されないと思ってしまう、こういう心理状態で子ども時代を過ごすと自己評価が低い人になる。自分は誰からも愛されないし守ってもらえないと。

釈　「無礙の一道」の章では、すべてが守ってくれるという話になりましたが、その逆ですね。

　あるケースワーカーからこんな症例を聞いたことがあります。不登校の女子中学生がいて、その原因を探っていくうちに、その女の子は「人に嫌われたら生きていけない」と思い込んでしまっていたことがわかったそうです。いつも「嫌われたらどうしよう」というところへと思考がいってしまう。そしてある時、ちょっとしたトラブルがあって、学校に行けなくなった。「嫌われたら生きていけない」という自動思考を変えるための認知行動療法を、一生懸命にしたそうです。

なんらかの枠にはまって抜け出せない、そのしんどさを抱えてしまっている人は少なくないでしょう。

大平　その女の子は、いいケースワーカーさんに出会えて良かったですね。大多数の子は心のケアをうける機会にさえ恵まれずに、そのまま社会に出て行くことになり、苦しい思いをしています。かつての私もそのなかのひとりでした。

釈　そうでしたか。本当に過酷な人生を送って来られたのですね。

この女の子は、周囲の人に恵まれて、自動思考ループを組み立てなおすことができたようですが、誰もがそうやって支えてもらえるわけではない。

大平　いい人に出会ってほしいですね。

ネットではなく現実を生きる力を

釈 ネット社会を見わたすと、この世のことはそらごとたわごとだと実感できますよ(笑)。大半が誇張・虚偽・粉飾された情報ばかりなんですから。

そうすると、私たちがネット社会を見て「ああ、ニセモノだらけだなあ」と感じるように、親鸞聖人の眼には世の中がニセモノに見えていたのかも。

大平 私もネットで嘘ばっかり書かれていますが、ネットに書かれている事を信じている人は私に近づいてこないからシャットアウトできてこれ幸いだと思っています(笑)。

釈 ネットがフィルターになっているんですか。具合の悪い人をふるいにかけてくれるんですね(笑)。

大平 まともな人はインターネットの情報を鵜呑みにしません。いくら悪口書かれても、仕事関係に全く影響していないし、私には全然支障がないので相手にする必要がない。

いろいろな考え方があるのはわかりますが、立ち位置をずらして別の見方ができると、楽になります。

釈　しかし、あることないこと書きたてられるのは、気分のいいことではないでしょう。

大平　もちろん気分はよくないでしょうね。ですから私は一切見ません（笑）。それに悪口を書くって毒を吐くことでしょ。吐いたときは気持ちがすっとするかもしれませんが、自分が吐いた毒は、まわりまわって自分に跳ね返ってくる。そのことをよ〜くわかっていますから、私は人の悪口は言いません。ですから、悪口を言っている人に対しては「お気の毒に」と思うだけです。

釈　でも、ネット住人と呼ばれる人たちは、バーチャルなネット世界こそ自分の棲み家だと思い込んでいますよ。私たちからすれば、「あの人たちは、そらごとたわごとの世界で喜んだり苦しんだりしている」と見えますが、ネット住人の感覚はまた異なるわけです。

そこで、本当は、ネット社会も実社会も、世俗は「そらごとたわごと」なのだとする仏法の語りに耳を傾けていかねばなりませんね。そのうえで、この世俗を生きる。どこか仮想空間に逃げ込むのではなく。

大平　やっぱり若い人たちには、現実を生きる力を身につけてほしいですよね。人生は思うようにならないけれど素晴らしい出来事もいっぱいあるのだから。ネットに振り回されないでほしいですね。

釈　はい。リアルな世俗では、押したり引いたりしながら、折り合いをつけて進んでいきます。ところが情報の世界はデジタルなので、白か黒かの二項対立になりやすい。だから、一夜にして総バッシングが始まる、などといったことも起こります。すごいスピードで情報が流通しますから、「針が振り切れやすい社会」になってきているようです。また、ネットが「憎しみ増幅装置」みたいになっています。

大平　釈さんはお立場上、いろいろ情報発信もされなきゃいけないと思いますが、私はその必要がないのでネットは一切しません。

釈　はい。いわゆるSNSのうち、ツイッターとフェイスブックを使っています。ひとつは無料で寺子屋活動などの告知ができるためです。それと、ある社会活動の日常を知るために使っています。

そういう利便性がある半面、あれはあれで面倒くさいですよ。なんだかんだ絡んでくる人もいますし、気分の悪いことも書き込んであったりする。

私は必要最低限しか見ないようにしているので、あまり過剰な情報が入ってくることはないのですが、あれを気にしはじめると苦しいでしょうねえ。

大平　それで自殺する人もいますからね。十年以上前の話ですが、何となく見ていて自分の悪口がばーっと書かれているのでびっくりしました。しかも、いったいだれのこと？　というような、そもそも嘘の情報から出発して議論が紛糾している。もう馬鹿馬鹿しくて、一切ネットに関わるのはよそうと決意しました。

釈　宗教学的に表現すれば、呪いの装置みたいになっているんですよ。呪いをかけられたら、そこから逃げ出せなくなる。

それにしても、一市民が自分の身の丈をはるかに超えるほどの情報発信ができる、しかも瞬時にできるのです。それは、なんともいえない違和感、サイズが合っていない感があります。扱える情報の大きさが等身大じゃない。巨大なシステムだけが見えない怪物のように活動している。そんな恐怖感は感じます。

大平　タレントさんでも、ネットで批判されたから仕事が減ったとか言ってますけど、相手にしなければいいのにね。人気商売だから仕方がないのかな。とはいえ、私が気にしないでいられるのは「学習」してきたからですけど。

釈　今まで嫌な思いをしてきたから、「こちら側には近づかないようにしよう」といった勘が働くのでしょう。

大平　そうなんです。そこには近づくなという囁きが聞こえてくる（笑）。「大丈夫だよ」と言ってくれる『歎異抄』もありますしね。

釈　そこのあたり、次章では若い人たちも交えてお話を進めましょう。

第二章　若い世代の悩みと歎異抄

【討論参加者】（発言順）

釈　徹宗

大平　光代

一ノ瀬かおる（漫画家、練心庵二階で活動中）

釈　大智（龍谷大学大学院生）

日髙　明（社会福祉士、ＮＰＯ「そーね」代表）

多谷　ピノ（フリーライター、宗教文化士）

歎異抄の魅力は

釈　第二章では二十代から三十代の人たちに加わってもらいます。今日来てくれたのは、いずれも私の寺子屋活動に関わってくれている人たちなので、まるっきり浄土真宗や『歎異抄』に無縁というわけではありません。また、哲学研究者で僧侶の方や、大学院生もいますので、若い世代からの視点で親鸞聖人のことを語ってくれることでしょう。

自分のことを話してくれてもいいですし、今抱えている悩みを語ってくれてもかまいません。

大平　親鸞聖人は若い人たちにとってどんなイメージか、興味がありますね。

釈　第一章で大平さんは、『歎異抄』によってものごとの見方が大きく変わったとおっしゃっていました。「人生は思う通りいかないけど、どんとこい」といった気持ちを育ててもらったと。

大平　そうですね。自分を変えること、つまり世間の尺度ではなく、自分が幸せだと思える生き方ができるようになったのは、『歎異抄』が出発点でしたし、読まなきゃという義務感はないけれど、気がつけば『歎異抄』を手に取っています。

皆さんは『歎異抄』を読まれましたか？

一ノ瀬　釈先生のゼミで初めて読みました。最初は「たんにしょう」という読み方もわからなかった。宗教への不信感がいっぱいで、うさんくさいけれど授業だから仕方がないと（笑）。そんな気持ちをほどいていくのに二、三年かかりました。

ある時に、『歎異抄』の講義の中で「いい人でなくてもかまわないんだよ」と受け取れたことがあったのです。そのとき私は統合失調症の兄と同じ症状をもつ人たちを支援しようと計画をしていました。社会的にいいことしようとするとネットで批判されます。いいことをしてほめられたい、でも批判はされたくないという葛藤があったように思います。

でも親鸞さまは、ご自分をどこまでも悪人だとおっしゃる。いい人間でなくてもいいんだとハッとしました。とはいっても、自分はそんなに悪人ではないと思っていたけれど（笑）。活動していくうちに、どんどん悪いところが見えてきました。ヒーローになりたいという虚栄心です。その時に『歎異抄』を読むと、「私悪いところあるけどいいもん」と思うことができるのです。

大平　大阪市の助役を辞任した四十歳の時に私が感じたことと同じですね。自分では目いっぱいいいことしているつもりだったのに、悪口雑言を浴びて「なんでやねん」という思いでつぶれそうでした。

一章でも話したように「よろづのこと、みなもってそらごとたはごと」という言葉が浮かんできて、世の中のためと思っていたけど本当は「よくやってる」と思われたいだけではなかったのか……。自分こそ煩悩にまみれた悪人だと気づいたときに、これまでの怒りがすーと消えていくような感じがし、そんな自分でもいいんだと感じることができました。一ノ瀬さんのいうそんな装置が『歎異抄』にはあります。宗教をうさんくさいと思ったらしいけど、最初から飛び込めた、信じられたという方がうさんくさいような、ニセモノという感じです。若い人は疑って当たり前です。

大智　僕が『歎異抄』から感じたのは、自明であると思い込んでいることを問い直す作業の重要さです。

大平　じゃ、縁があれば悪に染まるという部分、実感としてわかりますか。

大智　まだまだ「話」としてしかわからないですね。

大平　なるほど。私は実感としてストレートに入っていけたので、「話」としてわかるというのは、どういう「構造」なのかな？

大智　浄土真宗を学問として学ぶのは、大学院で初めて。『歎異抄』をひとつの「親鸞伝」として物語的に見ています。どんな人物だったのだろう、とか。よく言われるような、読んで胸をつかれるような思いはなかったです。

大平　実は私も中央仏教学院の通信教育を受けている間は、わかったつもりになっていただけでしたね（笑）。

でも「わからない」時期を経たからこそ実感できることってありますよね。「わからない」時期はきっと成熟している時期なのでしょう。

法然聖人に、だまされてもいいのだという場面も、なかなか現代人には理解しにくいかも。

一ノ瀬　私もこんな人がいるのかなと思いました。なぜ、こんなに素直に受け取れるのって。

家の宗教、自分の宗教

日髙　僕はご縁があって最近、浄土真宗で得度しました。学生時代は哲学を専攻していて、もともと仏教にも興味はあったのですが、僧侶になるのはハードルが高かったですね。家の宗教は浄土宗ですが。

大平　どうして浄土真宗に？

日髙　やはり親鸞聖人の魅力ですね。自分を徹底的にダメな奴だと捉えるところに惹《ひ》かれました。僕に近いというとおこがましいですが、『歎異抄』を読んでダメさ加減に共感するところは大きかったです。

大平　なるほど。私の父方の家は真言宗、母方が浄土真宗で私は母方の祖母に育てられました。真言宗を開かれた空海さんと親鸞聖人はとても対照的でしょ。若い頃はどちらかというと空海さんの密教にシンパシーを感じていましたね。エネルギーが外へ外へと向かっているイメージで。それに私は自力大好き人間です（笑）。どん底から這い上がるために一日中勉強していましたし、仕事についてもどこかのコマーシャルではありませんが二十四時間働きます、という感じでした。でも年齢と経験を重ねたからかもしれませんが、これまで自分の力で頑張ってきたと思っていたことは、本当に自分の力だったんだろうかと思うようになったのです。それでだんだんと親鸞聖人に傾いていったので、日高さんのように「最初から親鸞聖人」というのはなぜかなと思って。

釈　大平さんは最初、密教に惹かれていたのですか。密教には超人間的パワーがありますもんね。そしてこの世界のあり方すべてを肯定するような教えを展開するので、とても魅力的です。インド仏教の最終形態といった観があります。多様な仏や菩薩が活躍するので、サブカルチャーの領域でも人気があります。

　あらためて「なぜ浄土真宗？」と言われると、家の宗旨だったとか、ちょっとしたご縁とか、そんな感じになるのでしょうね。日高さんのように、親鸞聖人の魅力などと答える人はめずらしいかも。

多谷　私はもともとクリスチャンでしたが、大学が浄土真宗の宗門校だったご縁でその後、仏教を学びました。神棚も仏壇もある家でしたが、母親がキリスト教のプロテスタント。プロテスタントと真宗は似ているように思いましたが、勉強してみると私には仏教のほうがしっくりきました。

大平　私も小学生の頃、友達に誘われて教会に行ったことがあります。クリスマスのプレゼントはとっても嬉しかったのですが、教会でされるお説教はさっぱりわかりませんでした（笑）。

在家のまま仏道を歩むのが浄土真宗ですけど、私は司法試験に合格したころから四十歳になったら出家しようと思っていました。自分の人生を振り返ると、十代は荒れ狂う日々、二十代は勉強ひと筋、三十代は弁護士として苦しんでいる子どもたちに寄り添う。そして四十歳になったらこれまで手にしたものをすべて社会にお返しして父方の真言宗で出家しよう、そう思っていました。しかし、担当していた少年事件で頼ってくれる子どもたちが大勢いました。リストカットしたり心に傷を負っている子たちと毎日何十通ものメールのやりとりをしていましたので、この子たちとの関係を断ち切って閉ざされたところで修行をするというのはできませんでした。どうしようかと思っていると、浄土真宗の中央仏教学院は、一年間本科に通学すると住職になるための基礎資格がとれるという。それなら、その子たちとコンタクトとったりサポートしながら仏教の勉強を続けられるでしょ。だけどこの通学過程に申し込んだ後に、助役になることが決まりましたので三年間の通信教育の専修課程に変更しました。

釈　今でも中央仏教学院の広報のモデルになっておられますね（笑）

大平　ええ。多くの方に中央仏教学院で学んでほしいと思っています。

釈　多谷さんのように、若いころはキリスト教に魅了されて、年齢を重ねていくと仏教へと傾斜した、という話はときどき聞きます。やはり日本は仏教的な土壌が豊かな文化圏ですから、日本で暮らしていると仏教的な生活様式や思考傾向が身についていく、それも理由のひとつでしょう。また、二つの宗教の性格に拠るところもあるかもしれません。キリスト教は理念が若々しいでしょう？　他者と関わろうとか、世の中を変えようとか。仏教はもっと枯れていますよね（笑）。

一ノ瀬　私は父の葬儀まで家の宗教を知りませんでした。オウム事件があって、宗教はおそろしいという印象しかなかったし、母がエホバに入って訪問活動を始めたのですが、田舎なので評判がよくなくて宗教の印象は最悪でしたね。

釈　一九九五年の三月にオウム真理教の地下鉄サリン事件が起こったのですが、四月から始まった大学の宗教系講義は、たいへん学生の反発を感じました。とにかく「宗教は怖い」「なぜ大学で宗教を教えているのか」といったムードでした。

また、エホバの証人（ものみの塔）が行っている訪問伝道や駅前伝道などの活動は、宗教への警戒感を増している部分はあるでしょうね。エホバの証人はアメリカ生まれのキリスト教系教団で、輸血拒否事件などでも知られています。

大平　そういえば十年ほど前に現在の家に住みはじめた頃、しょっちゅうエホバの証人の人たちが勧誘に来ていました。実際のところわかりませんが、見かけは親子連れのようでした。それであるとき、たまたま庭の手入れをしていたときに勧誘にきたので、私が「何度も来ていただいて申し訳ないのですが、私は二回輸血をしています。あなたたちからすると、私は生きていてはいけない人間なのでしょうか」と尋ねると、それに対する返事はなくて、それからは二度と勧誘に来なくなりました（笑）。ゾンビのように見えたのかな。

釈　一ノ瀬さんのように、家族のお葬式で初めて家の宗旨を知るという若者は少なくないでしょう。これをもって、「日本人は宗教に関して無関心だ」と断ずるわけにもいきません。たとえばキリスト教国の人たちも、けっこう似たような感じなんですよ。普段はあまり意識していないけど、結婚式や葬式なんかであらためてクリスチャンであることを意識したりすることも多い。「自国で暮らしている時は気にもしていなかったけど、海外で暮らすようになって自分の宗教を真剣に考えるようになった」なんて人もいますね。市民宗教化した宗教には、そういう肌感覚的な面があります。

ところで、欧米型近代社会の基盤には「世の中を変えて、前へ前へと進んでいく」といったキリスト教プロテスタンティズムの思想が流れていたりしますので、現代社会で生きにくい人が仏教に眼を向けるのはうなずける話です。

とても大雑把な話なのですが、イエス・キリストが三十代前半で亡くなっているのに対し、ブッダは八十歳まで生き抜きます。ブッダは自ら老病死を体験して、教えを語ったわけです。そして、親鸞聖人は九十歳まで生きられました。そんな違いが、それぞれの思想に反映されている部分もあるかもしれませんよ。

次の章でお話ししたいと思いますが、遺っている親鸞聖人の手紙を読むと、高齢者としてこの世を生きる苦悩がにじみ出ています。

「幻聴さん」がやってくる

釈　先ほど話に出た、一ノ瀬さんの「いいことをする」思いは、練心庵の二階で行われている「当事者研究会」へとつながっています。日高さんや多谷さんも一緒に活動していますね。

日高　ええ。NPO法人「そーね」の活動のひとつです。さまざまな障害、困り事をもった当事者が集まり、話しながら自分の状況の見直し方を考えていくことができればと思っています。

釈　そもそも「当事者研究」の当事者とは、どのような定義になるのでしょう?

日高　当事者とは、それ私、これ私と思う人。言葉のカテゴライズですが、当事者には仲間も必要で、潜在的な仲間もいなきゃいけない。

一ノ瀬　当事者研究会は、統合失調症の人が生み出した座談会のようなものです。たとえば病院に行くと治そう、正常な状態に戻そうとされるわけです。そうすると逆に、自分は異常だという思いが強くなって、どんどん悪循環に陥ってしまいます。

幻覚や幻聴のほとんどは治らなくて、途方にくれた人たちが自分の今の状態を研究しようとしたのが始まりです。

大平　「浦河べてるの家」ではじめられたことですね。日本は精神医療についてはかなり後進国です。イタリアでは精神病院をなくして地域で支えるという取り組みを早くからしていますが、日本ではいまだに精神病院崇拝主義をとっています。そこでは、病気を背負った人たちの人生を立て直すことには無頓着で、ただただ本人に人生を諦めさせるのが仕事になっています。これはあきらかにおかしい。そんななかから「当事者研究」というのがはじまったのですね。

一ノ瀬　そうです。幻聴が聞こえたらどうすればいいのか、当事者も一緒に態度を共有する場なのです。会では幻聴を「幻聴さん」と呼んでいます。「幻聴さんが来た」「じゃあ、お帰りいただきましょうか」と。

病気が治るわけではありませんが、「幻聴さん」と呼んで皆で共有するだけで苦しみが緩和されるのです。統合失調症の人だけでなく、潜在的な発達障害やひきこもりの方なども一緒にやっています。

統合失調症の人や発達障害が強めの人は当事者意識が出やすくて、そういう意味では当事者研究をやりやすいです。生活していて不具合がないと当事者になるというのが難しい。とくに私より上の世代は、自分の弱さを出すのはだめだ、強さを出すんだという意識に仕上っているので。

大平　想像力が欠落しているというか、自分が当事者になるかもしれないということに意識がいかないのですね。「なぜ人を殺してはいけないのですか」という子どもたちもそうです。自分が殺される側の立場にたてない。これは相手の立場になって物事を考えられないという意味ではなく、自分は殺される側ではないと思っている。

一ノ瀬さんの言うように、生活していて不都合がない人が当事者になれないというのは、自分は統合失調症にならないと思っているからでしょう。でも統合失調症は百人に一人がなるといわれています。誰がなってもおかしくない。

釈　つまり「とても苦労している人は当事者の意識をもちやすいが、ごく普通に暮らしている人にはなかなか難しい」ということですね。

日髙　発達障害の人は、コップを取るのにしても、コップが取ってくれというから取るみたいな表現になる。彼らからみると決して障害でなく、そういう世界を生きているだけなのです。そのギャップは場を共有していくことで埋まっていきますね。ある程度感じ方を学んでいくと、コミュニケートができるようになると言っていました。

釈　双方が場の共有を身につけていくと、ギャップが小さくなるのでしょうか？

日髙　そうだと思います。

一ノ瀬　同じ悩みを持っている人がふと語ってくれることがあります。「あ、それ私も！」って。「私も」と言っちゃうと楽になれる、その積み重ねです。しかしここまでが長い。

釈　そうでしょうね。「それは私だ」へと至りつくまでには、誰かと出会ったり、共有できる場をつくったり、いろいろあるでしょう。

日高　しかし、デコボコがなくて　完全に同質だと逆に動かない。

釈　デコボコがあるから事態が動くわけですね。

いずれにしても、一人ひとりが「当事者である」として向き合う姿勢はとても重要ですね。小出遥子さんという仏教系の文筆活動をしている若い女性がいて、その人が「仏教は他人事ではない。いつも自分事だとわかった」と言っています。これも同じ姿勢でしょう。

『歎異抄』も、「老病死の苦悩、別離の悲しみ、いずれも逃げることはできません。あなたが当事者なのです」と説いているわけです。「後序」に出てくる「弥陀の五劫思惟の願をよくよく案ずれば、ひとへに親鸞一人がためなりけり」とは、まさにそのことを端的に表しています。

大平　「自分事」いい言葉ですね。当事者研究会は困っている人にとって、とてもよい場になっているように思います。

私も十代の頃は、囁きのような声がよく聞こえていました。それが何かわからなくて、しんどかった時期もありますが、ひょっとしたら亡くなったおじいちゃん、おばあちゃんかなと思うと楽になりました。

問題が起こると今でも聞こえてくることがあります。つぎはこれ、これ……と私のとるべき行動を指示してくれることもあります。気持ち悪いと思われるからあまり言わないけれど（笑）。

一ノ瀬　慣れ親しんだ声が聞こえるという人が私の周りには多いですね。

釈　先人の声や死者の声に耳を傾けるというのは、極めて倫理的な行為であり宗教的な行為です。いわば声なき声へと心身をチューニングする営みです。しかし、逆に心身の調子が悪くて、声が聞こえてきてしまう場合もあります。こちらは社会適応するのがとても大変になってしまいます。

また、時に私たちは邪悪な声が聞こえてくることもあります。かつて大学の教え子で、「自分はそんなことを考えてもいないのに、兄弟を憎む声が聞こえてきて苦しい」という人がいました。

大平　私も十代の頃に聞こえていたのは邪悪な声でした。でも今は、私をよい方向に導いてくれる声しか聞こえなくなった（笑）。

釈　私たちの脳の仕組みから言えば、いろんな声が聞こえてきたり、あるはずのないものが見えたりしても、不思議でもなんでもないです。

たとえば、子どもの頃に虐待されたり、つらい体験が続いたりすると、空想の世界に逃げることで自分を守ったりしますよね。場合によっては、空想の世界こそがリアルになってしまうこともある。ある種の自己防衛ですね。

大平　十代の頃に邪悪な声が聞こえたのは、中学生の頃にいじめられて、抑圧されていたからかもしれませんね。

釈　聞こえてしまう声とどうつきあっていくのか。そのひとつに「幻聴さん」と名づけて、みんなと共有したりする手立てがあるのでしょう。

先ほどの教え子の話ですが、彼には精神障がいの兄がいたんです。でも、彼は兄を恥ずかしいと思ったこともないそうです。むしろ自慢の兄だと言っていました。とても優しいお兄さんだからだそうです。

ところが、卒業後、彼から電話がかかってきて、自分は心から兄を愛しているはずなのに、あるときから「こいつさえいなければ」という声が聞こえてきたというのです。苦しいと言っていました。仕事や結婚で苦労している時期だったらしくて。この声を簡単に否定することはできない。まさに人間の奥底の闇から生まれるような声です。

大平　ハンディのあるお子さんの親からもよく聞く話です。その子にハンディがあるせいではないと自分に言い聞かせるけど、現実と意識との間にズレがでてくるようですね。私が心の底から娘に「はるちゃんありがとう」と言えるのは、社会のものさしと一八〇度違うからかもしれませんね。

一ノ瀬　でも私には、すごくいいことをしているんですよという虚栄心、ヒーローになりたい気持ちに対する葛藤があって複雑です。

大平　その気持ちを自分で意識できるというのが、いいのではないですか。ネットで批判されるのはつらいかもしれないけど。

ネット社会を生きる

大智　ネットって怖いなとつくづく思います。失言もいちいち取り上げられます。たとえそれが一般人でも。

一ノ瀬　悪口を書くことが平気になっている気がします。たとえば安保法案に反対して立ち上がったシールズも「なにをやっているんだ、若造が」と悪く言われますよね。

大平　まともに向き合うと傷つきますね。

釈　それって、全然関係のない知らない人から悪口がくるのですか？

一ノ瀬　私は漫画家をしていたので、少女漫画家のくせにとか言われてしまいます。ちょっとした洗礼みたいなものですが覚悟がいるのです。

大平　ふだん普通に会話をしているのに、ネットでは攻撃する人もいますからね。

釈　そうなんですか。ネットでは別人格が立ち上がるのかな。芸能の仮面は、自分の中に潜む変性意識を表出するために使われますが、構造的には似たところがあるのかもしれませんね。なにしろ画面を通してのコミュニケーションだし、匿名性も高いし。面と向かってしゃべるのとは違いますよね。

大平　そうですよね。しかし皆、ネットの危うさをわかっているはずなのに、それでもネットに身をおかなきゃいけない理由は何なのでしょう?

一ノ瀬　うーん、いいことしているのをアピールしたいという気持ちもやっぱりあるのかな……。

大智　文化的なところやおしゃれなカフェに行った、そんな報告の自慢合戦が繰り広げられています。上の世代の車や服と一緒なのかもしれませんね。

大平　ああ、そうか。私たちの世代は高い車や洋服を買って見せびらかしていましたからね。

　私の場合、ネットにひどいことを書かれているよと友達が教えてくれることもありましたが、言いたい人はどうぞと思っています。これまでバッシングや事実無根の書き込み、マスコミの記事にずいぶん傷つきましたが、だんだんと受け流せるようになりました。
人の口に戸は立てられません。いちいち否定するなんてことに労力を使うのはばからしい。ネットを鵜呑みにしない人も大勢いて、そういう人は信じられる、そういう人とだけお付き合いしていればいいんだと思うと楽になれますね。

大智　しかし仕事の分野では、他者に評価されているのが本当の自分ということになってしまうような気がします。

大平　仕事によりけりです。別の言い方をしますと、自分の仕事がネット民を相手にしなければいけないかどうかです。私の場合は、弁護士の仕事や講演活動に悪い噂が影響するのではないかと思っていましたけど、まったく変わりませんでした。でもネット民を消費者とする企業はそうはいかないでしょうね。でもそれはそういう消費者相手に利益を得ているのですから、その危険も負担しなければならないでしょう。つまり、自分はどちら側にいるのですかということだと思います。少なくとも、私はネット民ではない（笑）。

釈　ネット社会って、評価がすべてですよね。名誉や地位がいくらあっても、総がかりでバッシングされたらネット内で生きていけないし、フォロワーをお金で買うわけにもいかない。おもしろい内容や有益な情報を提示しないと、誰もついてきてくれない。そしてフォロワーが多いと、それが収入につながる。みんなにどう評価されるかがとても大きな問題なのです。実質経済じゃなくて、評価経済に移行しているわけです。ひとりのユーザーが、大企業をピンチに追い込むことだって可能になってきました。

大平　企業は良い物を作っていればいいという時代ではないのですね。

釈　ツイッターのフォロワーが三万人いると、暮らしていけるそうですよ。必要なものがあれば、「誰か○○ください」とツイートするともらえるんですって。また、中間業者を通さなくても、直接物々交換もできる。

でもそのためには常に高い評価を維持し続けなければならない。政治や経済に対して気の利いたコメントを出し続けるとか、エコロジー的な生活を見せ続けるとか。初めは楽しいかもしれませんが、そのうち苦労を抱えることになるんじゃないかな。
評価されることが大事という世界だから、ちょっとした間違いや失敗で徹底的に批判されることも起こるのでしょう。

大平 批判する方は匿名でできますから、ブレーキがききませんよね。とても卑怯だと思うのですが……。テレビが世の中に普及してきたとき、「一億総◯◯」と表現された方がいますが（差別用語なので◯◯にしています）、ネット社会で「一億総卑怯」にならないことを願うばかりです。

釈 そういえば、俳優を中傷する内容をインターネット上に投稿したとして、男女三人が業務妨害で書類送検されてましたね。

大平 そうそう。芸能人の方は書かれても泣き寝入りすることが多いようですが、この俳優さんは毅然とした態度で臨まれたのですね。立派ですよ。

釈 インターネット上に嘘を書き込んだ動機は、人の興味をひくためとか、広告収入を得るためということらしいのです。

大平　えっ　広告収入を得るためってどういうことですか？　私、ネットに関しては
ガラパゴスの天然記念物とええ勝負なんです（笑）。

釈　閲覧件数が増えると広告収入が増える仕組みになっているのです。それで閲覧件数を増やすために人の興味を引く内容を書かなければならない。

大平　たったそれだけの理由で、嘘の内容を書いて人を中傷するんですか。書き込みをしたのは四十代から六十代の男女ということですよね。分別のある大人のすることかっていうのはもう死語でしょうか。でもネットって本当に嘘にまみれてますよね。
ネットとつきあうにしても、自分の中に線引きや、きちんと正しい判断ができる基準というものが必要ですね。

若者の貧困について

大平　女性や子どもの貧困がクローズアップされています。将来に対する心配はありますか。あるとすればその心配は自分の中でどう処理していますか。

釈　新卒の就職率は少しよくなっていると感じています。ただ、問題なのは就業環境が悪いことですね。非正規雇用の問題やサービス残業の問題なども取りざたされています。この場にはサラリーマンが一人もいないけど。

一ノ瀬　私はフリーランスで十年経ちましたので、貧乏には慣れています。金銭面では底で生きている自覚があるから、逆に社会が私に追いついてきた気がします（笑）。

釈　「努力・成長・勝利こそ幸せ」「上を目指して、競争で勝つ」といった、高度成長期的なストーリーとは別の道を歩む若者が増えてきているのでしょう。その意味では、我々の社会は次のフェーズに入ったわけです。低成長社会、定常社会ですね。

一ノ瀬さんは貧乏には慣れていると言いましたが、ある世代から、収入よりも、自分の思いや気持ちを重視する、という傾向が強くなっているとも言われています。ひと昔前は、高級車や高級ブランド品を手に入れる、海外旅行に行く、そんなことが幸せの指標みたいなムードがありました。

大平　私たちの世代はバブル時代ちょうど二十代でしたので「いけいけどんどん」でしたね。欲しいものはすぐに手に入れたい。今でもその時の金銭感覚が抜けずに老後破綻まっしぐらの人もたくさんいる世代です。私もかつてはそうでしたが、娘のお陰で方向転換できました。

釈　今の若い世代は、その手の欲望は薄いようです。少し前に作家の林真理子さんが『野心のすすめ』という本を出版されました。我々の世代から見ると、「若いやつらは覇気がない」「もっと上を目指す気はないのか」と感じるらしく、「もっと野心をもて」という話なのですが、この本を絶賛しているのは四十代以上が大半だとも言われています。

三十歳前後から下は高度成長期を知らない世代です。低成長がデフォルトになっているのです。この世代は「さとり世代」などと呼ばれることがあります。いくらなんでも「さとり」はひどい誤用だとは思いますが（笑）。

大平　「あきらめ世代」よく言えば「足るを知る世代」の方が現実に近いような（笑）。

釈　ただ、「団塊の世代」とか「しらけ世代」とか「ゆとり世代」などといった世代論はいつの世にもあるのですが、いずれも評論の中で名づけられたネーミングです。ところが「さとり世代」というのは、ネットの掲示板で、若い世代が自ら言い出したのです。

いずれにしても、我々の社会が成長期から成熟期に移行して、「求めているものが、世代によって大きく変貌している」といった事態になっています。アルビン・トフラーが言う「第三の波」をもろに受けている世代だという面もあるでしょう。

大平　親は、勝ち抜いていくことが人生というバブル期を生きてきましたから。自分の子どもの就職先を「なんや、一流企業じゃないのか」とか平気で言います。大学もがむしゃらに偏差値の高いところを目指させる。

釈　私の知人には、一流大学を出て、一流企業に勤めていたのに、「バトルフィールドでがんがんと戦い続けるような生活から降りたい」と考えて、辞職した後、仲間たちと小さな会社をやっている人がいます。大きな企業だと、自分のやっていることが社会の中でどのように関わっているのかがさっぱり実感できない。もっとリアルで、生き生きとした実感のある仕事を求めたそうです。でも、当然、収入は激減。その代わり、それまで「自分が壊れるのではないか」というほどのストレスの中にいたけど、喜びが多い生活になったと言っていました。

　そういう選択をする人はいつの世にもいます。でも、私たちの社会は移行期へと突入していることは間違いありません。

大平　私の世代も生き方を見直さなくてはならなくなっています。バブルの意識が抜けていないので、新しいものが出ると有り金をはたいてでも買ってしまう老後破綻予備軍がたくさんいます。子どもの頃、祖母はよく「有るときには有るなりの生活、無いときには無いなりの生活をしなさい」と言っていました。この無いときには無いなりの生活というのは、実際にお金がない場合と、お金があっても例えば教育費や老後資金を確保するため貯金をしなければならないので、使えるお金が少ないという場合も含んでいます。この無ければ無いなりの生活がバブル世代にはなかなかできない（笑）。

釈　そうなんですか。バブル経済期の後遺症ですね。実体はないのに、社会のムードに躍らされていたような時期でした。あのあたりが、近代成長期の末期でしたね。

大平さんは、お子さんのためにお仕事を辞めて、田舎へと生活拠点を移されました。価値観を変え、視点を移さないとできないことです。

大平　でもそのお陰でとても幸せな日々を過ごせています。

釈　若い世代で価値観の転換が起こっているというのはあるでしょう。でも、だからといって若い世代に欲望がなくなっているわけでもなく、苦悩がなくなっているわけでもない。だから「さとり世代」が、さとっているわけじゃないんですね。

たとえば、自分の思いや気持ちを優先するために、人間関係に苦労したり、社会や他者にうまく適応できない人は増えている感もあります。このあたりはどうでしょうか？

大智　自分自身という枠が強くて、その中に引きこもってしまうのでしょうか。他者の苦しみや喜びを当事者意識で引き受ける、そういうのが苦手になっているのではないですか。

釈　なるほど。そういう人に『歎異抄』の言葉が響くということは起こるのでしょうか。

大平　自分自身という枠が強いというのは、子どもの頃、どろんこになって友達と遊んだり、喧嘩をして泣かしたり泣かされたり、それでもすぐに仲直りしてまた遊ぶという経験を積んできていないからではないでしょうか。子どもはそういうことを繰り返しながら、自分自身の枠を弱くして社会への適応や他人との距離感をつかんでいきますからね。でも子どもの頃に戻れるわけではありませんので、『歎異抄』の一言一言に耳を澄ませてみるのもいいと思います。

釈　そうですか。みなさんの意見を総合しますと、『歎異抄』は「当事者の書」だと考えることができそうですね。

常に「他人事ではなく自分事」であり、「その時、その時、いつも当事者側に立つ」といった眼で読めば、ビシビシと深層へと響きます。だからこそ、苦悩の中で本領を発揮する書となるのでしょう。

親子ならではの葛藤

釈　私は以前、新聞や雑誌でお悩み相談コーナーを担当していたのですが、やはり人間関係の苦悩が多かったですね。ここ数年、しばしば心理学者のアドラーが流行します。アドラーは「人の苦悩は、つきつめれば人間関係に収斂《しゅうれん》される」と考えた人です。アドラーが何度も流行るということは、いかに現代人が人間関係で苦労しているかの証左ですね。まさに仏教が説く「愛別離苦《あいべつりく》」「怨憎会苦《おんぞうえく》」に足をすくわれてしまうわけです。ちなみに、アドラーは「人間関係の苦悩を解消するには、共同体感覚を育てるしかない」と述べています。人づきあいが苦手だからこそ、さまざまな共同体へと身を置く。そんな方法を説いています。面白いですね。だから、私は、お寺へお参りするお同行の共同体とか、仏教壮年会とか婦人会とか、すごく大事だと思いますね。

　ところで、かつては大家族で暮らしていたのが、最小限の家族構成へと変化しました。そんな中で、家族間の悩みや、親子関係の悩みもクローズアップされています。

大家族で暮らしていると、さまざまな大人のモデルが身近にいたけれども、今は家の中の大人といえば親くらいでしょう。

大平　私が子どもの頃は、親せきやご近所に、ちょっと問題だなと思える大人がいても、「あの人はああいう人」と困りながらも皆が許していましたね。「男はつらいよ」の寅さんみたいな楽しいおじさんがあちこちにいたように思います。

釈　そうそう。おじいさん、おばあさんだけでなく、おじさん、おばさんとか、家にいましたよね。そうした存在は子どもにとって本当に助かります。子どもにとって、いろんな大人のモデルがある方がいいですからね。

親と子や先生と生徒って縦の関係でしょう。友達や兄弟って横の関係なんですね。でも、おじさんやおばさんは、斜めの関係です。これがいいですよ。斜めの関係の人がいるって、すごくいいんです。

そのあたりの関係性の貧弱化も、人間関係がこじれる要因かもしれません。

多谷　私には母娘問題がありました。自覚のないところで母親の影響はすごく強いと思います。母親と問題なくやってきたつもりでしたが、あるときその支配から抜け出したいと思う自分がいることに気が付きました。がむしゃらに距離を置こうとして、私が出産したときに一度揉めましたが、今は修復して友好的な関係になっています。

ですが、現実の母との関係は良好なのに、今もまだ、私の中で、「こうすべきだ」とか、「ここではちゃんとしなくては」とか、形骸化された母親の言葉が残っていて、それが私の行動のものさしになっているときがあります。「べき、ものさし」「ちゃんと、ものさし」というかたちで。

釈　多谷さんの場合、「べきものさし」は「母親のものさし」なんですね。

多谷　父があまり家庭を顧みない世代だったからか、父親の存在が希薄だったせいもあると思います。子ども心に「お母さんはかわいそう」「お母さんの喜ぶ顔が見たい」といった感情を強く持っていました。

釈　母親は娘に愚痴を言いますからね。いつ頃、その「ものさし」の構図が見えてきましたか。見えた時は助かったでしょう?

多谷　ここ数年ですね。ものさしの考え方は当事者研究でわかったことなんです。そこで私の「べきものさし」のそもそもは、私の中の、私が作り上げた母親像からだなと思いました。「べきものさし」があるから自分が窮屈だということがわかったのです。

一ノ瀬　私は優等生病。役割を果たさなきゃならないという気持ちが強くて、劣等生なのに優等生を目指してしまう。それがわたしの病気。変なものさしだと思います。

日髙　僕は人からどう思われるかを優先してしまうタイプなので、自分で自分がわからないのです。優等生タイプだけど、もの忘れが多いということはわかっていますが。オープンな場では当たり障りなく振る舞っていますが。その分、内面とのずれがあるような気がします。

釈　みなさん、いろいろ抱えていますね（笑）。

それぞれの人が、いつの間にか「こうあるべき」というものさしを内面化してしまい、それに沿わないと苦しむ。また、自己評価と他者評価がずれると苦しいですからね。自己評価と他者評価が一致していると、人間関係は安定するのですが。そうはいかないですからね。

大平　私が一番好きな『歎異抄』第七条にある「念仏者は無礙の一道なり」は、世間の尺度ではなく自分の人生を生き抜きなさいというように受けとめています。

釈　『歎異抄』は、私たちが漠然ともってしまっているものさしをぶち壊す力があります。だって仏さまのものさしが出てくるんですから。

「私とあなた」「私と世間」といった関係性だけだと、やはり生きていくのは過酷です。「仏さまと私」という扉が開くと、この世界の意味や、生と死の意味が変わります。それは宗教という領域ならではの力ですね。

夫婦ってなに？

釈　じゃあ、夫婦の場合はどうでしょう。よくパートナーは自分を映す鏡だ、などと言いますね。その鏡に自分の姿が映されることで、当事者意識が立ち上がるのでしょうか？

多谷　鏡だと思わなければ被害者でいられますが、鏡だと思ったらひっくり返して自分を見ることができる。それが当事者意識です。

日髙　皆さんが『歎異抄』に反発や疑問を感じたと聞くと羨《うらや》ましい気がします。僕は読んだらそれで終わってしまう、流されるのかもしれません。人からどう見られるかを優先してしまうのは、その方が楽ですからね。その分、家のなかでは傍若無人で、妻からは偽善者だと言われています（笑）。

大平　だれでも家の外と内では違うと思いますよ。よそいきの顔になるのは当たり前じゃないでしょうか。うちの十歳の娘でも、家で見せる顔、学校で見せる顔、世間で見せる顔が全然違いますからね。

釈　家族のことについては、親鸞聖人自身も繰り返し苦悩しておられます。このことは次の章で話しますが、家族を持った方ならではの苦悩を見てとることができます。また、そこに親鸞聖人独特の魅力もある。

親鸞聖人と恵信尼さまの夫婦は、お互いに相手を観音さまの化身だと心の中で思っていたようです。親鸞聖人は若い時に、観音の化身と結婚するという夢を見ています。恵信尼さまは親鸞聖人が観音の化身であるという夢を見て、それを親鸞聖人に話さなかった。

観音は、さまざまな姿に化身して、あらゆるものを導く菩薩です。それが観音信仰です。さて、多谷さんのご夫婦はどうですか（笑）。

多谷　この間、夫婦喧嘩をしました。夫婦は鏡だなあとつくづく思いました。私は夫が何を考えているのかわからないし、夫も私のことをそう思っている。お互いが本音を出していなかったことのすれ違いから生まれた喧嘩だったんです。夫婦は面白いです。親鸞さまご夫妻がお互い観音さまだと思っていたのも納得です。

一ノ瀬　うちの場合、私の感情がパートナーである夫に反応してダイレクトに返ってきますね。腹が立つもの言いをすると思ったら、自分の言い方と同じだったり。観音さまとは思いませんが、共同生活しているのが不思議だなと思います。

大平　夫婦って似てくるのは確かですよね。うちは両方とも短気。私の方が若干、キレるのが早い（笑）。

釈　夫婦は、ヘンなところが似てきたりしますね（笑）。その半面で、どうしても共有できない面もある。一歩間違えると、互いに傷つけ合う関係にもなる。夫婦って、たとえ子どもにもわからない部分があります。とにかく、押したり引いたり、だましだまし関係性を維持していくことになります。

多谷　弁護士さん同士の駆け引きってすごそうですね。

大平　はっはっは。釈さんのおっしゃるようにどうしても共有できない面というのがあるかもしれませんが、うちは私がマル2、主人がマル3ですので、エブリシング

イズ　オッケーというところがあります。しかも熟年になってから結婚して孫のような娘を育てていかなければならない、愛情というよりもお互いに戦友のように思っています。ちなみに結婚記念日を祝うのは十年に一度にしようと約束していて、ついに先日、初めて結婚記念日を祝いました。年齢的にあと二回くらいできたらいいなという感じですね。

釈　では、唯一の独身者である大智さんは、結婚についてどう思っていますか？　ここで告白しますが、大智さんは私の息子でして（笑）。二十代の意見が欲しくて、ちょっと参加してもらいました。練心庵のスタッフでもあるので。息子の結婚観を聞くのはちょっとドキドキしますが。

大智　今二十五歳ですが、先輩たちからは全然いいこと聞きません（笑）。ケンカも増えるし、家でゆっくりできないし、「大変やぞ」って。だから結婚はまだしないほうがいいと常々思っています。

日高　でも早いほうがいいよ。妻はどう思っているかわからないけど、振り返ってみたら幸せしかないですね。結婚は早いほうがいい。

多谷　勢いが大事ですよ。

大平　結婚しない人が増えているようです。したくてもできない人と、本当にしたくない人。したくない人は、自分の自由時間はアニメを見ている方がいいらしいですね。

一ノ瀬　私もそんなふうに思っていました。

釈　「自分」が好きな人は、「誰か」と結婚するのは苦痛に感じる面はあるでしょうね。自分のペースで生活していたのが、他者のペースを考慮しなければならない事態になるのですから。当然、それは喜びでもあり、ストレスでもある。それまで異なる生活をしていた二人が、折り合って暮らさねばならない。

大平　好きなことばかりしていても、楽しみが薄れる時期がきます。その時にどう生き直すかですね。私の場合、確かに娘の養育をしなければいけないから大変だけれど、だからこそ自由な時間の楽しさがわかる。大好きな油絵でも、一日中描いてなさいと言われたら楽しくなくなると思いますよ。

多谷　他の関係はかならず高低差があるけど、夫婦は唯一フラットな関係だと思います。それは喜びですね。

釈　恵信尼さまの手紙を読んでも、夫婦でなければわからないところがある、愛娘であってもわからないことがある、そんなことがわかりますよ。夫婦って、おもしろいですねえ。

一ノ瀬　『歎異抄』を読むと、親鸞さまが率直に弱さを認めておられるのは、自分を認めてもらえるほっこりとした場所があったからかなと思いました。それは奥様がいたからかもしれませんね。

釈　それは可能性としてありますね。家族や妻をもっていたからこそ、見えてくる自分の弱さ。それを認めていかなければ、家族や夫婦はやっていけない。親鸞聖人の著作の大部分は八十代半ばから後半に書かれているのですが、これは善鸞を始め、家族の問題と直面したからではないかと言われています。この苦悩と直面して、親鸞聖人は自分の内面を再解読することとなった。

大智　「親鸞思想と家族」に関しては、親鸞聖人にとって恵信尼さまの存在は大きいと思いますね。

多谷　常に受けとめてくれる奥さんがいたからですね。

バリアをはずそう

釈　先ほど、若い世代は自分の思いや気持ち第一主義的だという話になりました。だから、プライベートな時間を大事にする。行きたくもない飲み会に出席するのはイヤだし、無理しておつき合いしない。自分の時間を削られるから。

しかし、他者との距離を保つことは楽な半面、別のしんどさが出てくる。人間というのは一筋縄ではいかない。アドラーは、人づきあいを避ければ避けるほど、人間関係に苦悩しなければならないと言います。むしろ、社会や共同体の中へと身を投じて、その中で嫌なものは嫌だと主張することによって人間関係の苦悩は低減する、というわけです。

人間関係に苦しむのは、いつの世も変わりません。人類学的に言いますと、「社会生活」と「家庭生活」の両方を営むのは、人間の特性だそうです。人間関係に苦しむのは避けられないんですね。

大平　人間関係に苦しむのは避けられないけど低減することはできる。その方法が社会や共同体の中へ身を投じて、その中で嫌なものは嫌だと主張するということですね。でも嫌なことを嫌だというのがなかなか難しい。

釈　はい。それにこのところ、一歩間違うと総バッシングみたいな雰囲気が強くなっているでしょう。それはちょっと気になりますね。ある意味、いけにえを血祭りにあげるといったやり口です。本当は各自それぞれが嫌な部分やずるい部分をもっているはずなのに、誰かをバッシングして自分は安全圏に立つ。たとえば、アドラーと同系統の心理学者・ユングは、なぜヨーロッパでひどいユダヤ人差別がおこったか、それはキリスト教のあまりにも〝真っ白な生き方〟を強いたからだと言っています。ちょうど、いけにえをバッシングするのと同じ構造です。いじめも同じ構造ですね。ですから、きちっと自分の黒い部分を引き受ける、先ほどの表現で言えば、当事者の立場に立つということが必要なんでしょう。これを精神分析では、〝影の引き戻し〟と呼びます。今のいじめ構造を変えていくには、自分の影をきちんと見据える、当事者の立場に立つという道筋がもっとも適切だと思うのです。

大平　以前、いじめをした子の親から相談をうけたことがあります。有名な私立高校に通っていて成績も優秀な子でしたが、クラスの子をいじめて不登校にさせてしまったとかで、自主退学するように学校から言われたとのことでした。その子にも会ってみましたが、とても清楚で礼儀正しく、私に対しては満面の笑みで受け答えをしていました。

釈　何の問題もないように見えますし、むしろ親が求める理想像ですよね。

大平　そうなんです。でも実は母子関係にかなり問題がありました。母親は教育熱心で、この子が小さな時から英才教育をしていました。お稽古事や塾で一週間の予定は真っ黒にうまり、自由に遊べる時間はほとんどありません。たまに休みたいと言いますと、母親から「このなまけもの」っていわれたそうです。勉強をしたくない日だってあるし、クラスでお友達が楽しそうに遊びに行った話をしていてもそれに加わることができない。クラスメートの間で流行っているテレビを見たいと言うと「ばかか、おまえ。私を困らせるな」と言われる。とても上品そうに見える母親の裏の顔がチラホラ見えました。そういう環境の中で育ってきましたので、極端な二面性をもつようになっていたのです。秘書に暴行や暴言をはいた国会議員のニュースを見たとき、この子の顔が浮かびました。

釈 親や世間の前ではいい子の仮面をかぶるしかなかったのですね。

大平 はい。子どもの頃に、影の部分を出しても大丈夫なんだという経験をつんでいないと、自分でも自覚しないままゆがんだ形で出てしまいます。

釈 そうですね。『歎異抄』の第二条には、親鸞聖人が「この道を歩こうとも、捨てようとも、みなさんが自分で決めてください。でも、私にはこの道しかないのです」と語る場面があります。これは「仏さまと私」という回路をもつ人ならではの語りだと思います。

私たちは、「自分というもの」を守るために、いつもバリアを張っています。バリアを張っていなければ「自分というもの」は傷ついてばかりです。しかし、仏さまの前だとバリアは不要です。なぜなら、阿弥陀仏は私を一切否定しないからです。だから、バリアを全面的にはずすことができる場や時間があるかどうか。ここが分岐点だと思います。

これは現代に限った話ではなくて、親鸞聖人の時代でも同じような事情だったでしょう。だから、普通の民家でも「南無阿弥陀仏」のお軸を掛けさえすれば、そこは念仏道場となるといった場が展開されたのだと思われます。そこは、当時、苦悩する人々や、排除された人々が、それまでの縛りから解き放たれ、バリアをはずす場であったに違いありません。お念仏の教えは、そういった人たちによるムーブメントでもあったのでしょう。

大平　「バリアをはずそう」というムーブメントは、現代でも必要ですね。

釈　一時期、寺社がパワースポットとしてもてはやされましたが、わかるような気がします。そういう場所を求めている人がいるということは、日々、バリアを張りながら暮らしているからでしょうね。寺社だと、無防備な自分になれるわけですから。

大平　都会で生活をしているとバリアを張らないと生きていけませんからね。私も田舎で暮らすようになってはじめてバリアをはずすことができましたから。

多谷　私も学生時代にお寺的な場所が必要だとレポートで書いたことがあります。そのときは場づくりをする自信はありませんでしたが、そうなればいいなと思っていましたね。

釈　「お寺的な場所」というフレーズがいいですね。みんなでそういう場を大切にする。そういう場がなければ、自分で創る。

現代人は消費者体質になってしまっていて、サービスを購入する態度ばかりが発達している。これとは異なる態度が、「当事者」ということです。

「自分ものさし」から「仏ものさし」へ

一ノ瀬　私は、父の葬儀でお坊さんが髪をはやしてビール飲んでいるのを見て、違和感が拭えませんでした。釈先生もネットでたたかれると、先生のお寺の如来寺の評価も落ちて、生活できなくなるかもしれないと心配（笑）。

そう考えると、親鸞さまは人の評価から、阿弥陀さまの評価に変わったのではないかと思います。

釈　そうですね。「自分中心のものさし」から「仏さまのものさし」への転換が起こる、だからこそ救われる。それは宗教の本質に関わる問題でしょう。

大平　「仏さまのものさし」で、中央仏教学院の院長をされていた白川晴顕さんがご著書で言われていたことを思い出しました。ある講演会で禅僧が「仏さまのものの見方」について、「ここに大きな池がある。この池にあなた方のお母さんと奥さんの二人が溺れている。あなた方だったら一体どちらを先に助けますか」と問われたそうです。聴衆からはいろいろな意見が出たそうですが、禅僧は「仏さまの立場でものをみたならば、近くにいる者から先に助ける」と答えられたそうです。つまり、仏さまのものの見方は私たちと異なり、レッテルを貼ってものを見ないということを示されたものだと。ただ白川さんは、今話されている喩えは禅宗の僧侶の喩え話で、阿弥陀さまならどうだろうと考えたとき、たとえば二人が池で溺れているとして、そのうちの一人が今にも水の中に沈みかけようともがき苦しんでいたら、その人を真っ先に救っていかれるのではないか。溺れていてもまだ余力が残っている人は後回しだと。なるほどなと思いました。

一ノ瀬　大平さんももしかして「仏ものさし」に切り替わったのではないですか。しっかりと軸をもっておられるので、周りの声が気にならなかったのではないかと思いました。

大平　そうですね。世間の尺度ではなく自分の軸をもっているのは確かですが、「仏のものさしに」なったかどうか。池で夫と娘が溺れていたら、どんな状況だろうと娘を先に助けますので（笑）。

釈　そ、それは夫婦仲が悪いと言うことでしょうか（笑）

大平　いえいえ。夫が反対の立場でもそうすると思います。この子を守り育てるのは私たちの責務だと思っていますし、それに夫は六十三歳、私は五十二歳、十分この世で生きてきました（笑）。もちろんこれからも健康で長生きしたいと思っていますが、それはまた別の話。

釈　究極の状況においてはそうするということですね。

大平　そうです。ですからなかなか「仏のものさし」にはなれません。レッテル貼りまくり（笑）。でも誤解を受けたらいけないので言うとかなあかんのですが、溺れている側が自分はもう十分生きてきたから娘を先にというのはいいのですが、助ける側が「あんたもう十分に生きたやろ」と言ってしまうと喧嘩になる（笑）。うちは普段から夫と話し合って、何かあったら娘を先に助けると決めています。

釈　なるほど。では、「仏ものさし」の話が出たところで、最後に少し、親鸞聖人や浄土真宗の魅力について意見をお願いします。

日高　「信」と「行」が一体なところでしょうか。僕にはわかりませんが、このさき「仏ものさし」になるのかなという期待を持たせてもらうのが楽しみだと思っています。

大智　先ほど話にも出たように、若者たちが草食化している傾向はあると思います。それは、「自分ものさし」が強化されているとも言えるわけです。では、そんな人たちが、本当に「仏ものさし」を求めているのか……、いや逆にそんな状況だからこそ「仏ものさし」が必要なのか……、もう少し考えてみたいところです。しかし、ここに浄土真宗の魅力があるとは考えています。

大平　若い人たちが「仏さまのものさし」を求めているのかといわれれば求めていない、あるいは何も無ければその必要性を感じないのではと思います。ただ、生きていくことがしんどくなって、どうしようもないと思ったとき、「仏さまのものさし」になれば楽になれる。ただ「自分ものさし」から「仏さまのものさし」に転換するためには、普段から『歎異抄』を読んだり仏教の話をしたり、蓄積しておかないと転換はできません。人生は思い通りにいきません。悩んだり苦しいときに「ハッ」と気づいて楽になれると思いますよ。

大智　布教使さんのお話を聞く法座などでは「阿弥陀さまにおまかせしよう」とよく言われますが。

大平　そう言われても、ピンとこないでしょ。「阿弥陀さまにおまかせする」って具体的にどういうことですかと。自分のこれまでの人生経験や、現在の状況にあてはめて考えることができなければ、わからないのも当然です。でも聴聞を続けたり、『歎異抄』を読み続けていくなかで、それが自分の血肉になります。いきなり、「おまかせ」できる人はいないと思いますよ。

大智　結論だけ先に言われてしまっても、ピンときませんね。やはり、これはまさに自分のことである、という実感があって初めて教えが輝くと思います。

釈　でも、その言葉が本物であれば、どこか心身に潜んでいると思いますよ。仏教の言葉は二千五百年以上にわたって鍛錬されてきた本物の語りですからね。

では本物の語りと出遇うにはどうすればよいのか。まずは自分の身の回りにあるご縁をたぐってみる。そこから始まると思います。コツコツとご縁をたどっていくうちに蓄積されたものが、限界状況で花開く。なすすべがない時、その語りが聞こえてくる。

大平さんは、そんな状況を経験されたのではないですか？

大平　「はからいをすてる」ということは、今、自分がおかれている状況をありのままに受けいれるということだと解釈しています。例えば、子どもが障害を持って生まれてきた時、多くの方は、間違いであることを願います。そして、現状を受け入れることができずに長い間苦しむことになります。自分の人生が終わってしまったと思われる方もいるようです。でもそう思っている間はなかなか前に進むことができません。苦しんであがいても現状がなかったことになるわけではないからです。はからいをすてて、まずは自分のおかれている状況をありのままに受けいれ、そしてすべてを阿弥陀さまにおまかせする。すると自分の立ち位置がわかるのです。そうすれば、これから自分はどのように生きていけばいいのか、どのように行動すればよいのか、おのずとわかります。

釈　「はからいを捨てて生きる」。大平さんから再三出てくる言葉ですね。

日高　私は八年間グループホームで働いています。夜勤中にこの前こんな経験をしました。

ある方が寝ぼけたまま、どこにいるのかわからないようで、申し訳なさそうに「ごめんね」とおっしゃいました。私もその方になにもできなくて思わず拝みたくなりました。弱い立場の人に私も何もできない。「すみません、なにもできません」と拝みたくなる気持ちが出てきたのです。

釈　なすすべないとき、相手を拝む、手を合わせる、そういうことが起こるのですね。

いずれにしても、我々はたまたま浄土真宗とご縁があったわけです。まずはこのご縁を誠心誠意たぐっていくという態度でいきましょう。この道がニセモノでなければ、必ず仏教が説く世界へと到達できます。もし、この道がどうしても合わないならば、別のご縁をたぐればいいじゃないですか。

大平　私もそれでいいと思います。やわらか頭でいきましょう（笑）。

多谷　クリスチャンになった時、教えが杖のように思えました。しかし仏教に惹かれてから「親のものさし」から「自分ものさし」に変わることができました。この「自分ものさし」から、いつか「仏ものさし」に転換していく。そう考えるとワクワクしてきます。

一ノ瀬　自分が何ものさしなのかもわからないので、とりあえず、じっくりと『歎異抄』を読んでみようと思います。

　今、周りにいる人たちがすごく好きです。自分は素敵な場所にいるなあと思っています。「仏ものさし」になれるかどうかわからないけれど、素敵な人たちと関わることが良いものさしをつくることになると思っています。

第三章　世俗を生きた人間親鸞

――ご消息にみる晩年のお姿――

息子善鸞を義絶

釈　第三章は、再び大平さんとふたりでお話を進めていきましょう。今度は親鸞聖人のご消息、つまりお手紙を読んでみたいと思います。

『歎異抄』には、親鸞聖人の「仏道における厳しさ、強さ」が表現されています。また、「喜ぶべきことを喜べない。だからこそお救いは間違いない」といった、親鸞聖人特有の理論を見て取ることができます。これに対して、これから目を通すお手紙では、『歎異抄』とはまた違う面が迫ってきます。

現在確認できる親鸞聖人のお手紙は、四十三通あります。教義に関する話もあれば、礼状もあります。特に注目したいのは、親鸞聖人の情緒的な部分、その時の心情がストレートに表れている部分、このあたりです。同朋《どうぼう》・同行《どうぎょう》への思い、家族の問題、人間関係の喜びや苦悩が伝わってきます。

最初は、親鸞聖人が息子・善鸞を義絶した手紙を取り上げてみます。これは真筆ではありません。写筆したものしか残っていないのです。そのため、善鸞事件そのものに疑義を呈している研究者もいます。ただ、今回はそういった学術的問題には踏み込まず、私たちがこのお手紙をどう受け取っていくかについてお話することにしましょう。

大平　これは『歎異抄』第二条で関東からわざわざ親鸞聖人の同朋・同行たちが質問にくる場面に関係していることですね。親鸞聖人が京都にもどられた後、関東では信仰上の疑義が起こり始めたため、親鸞聖人はそれを沈静化させるために、ご長子の善鸞さんを彼の地へ遣わせたのですよね。ところが、善鸞さんが反対に異議を唱える立場に立たれたことで、お念仏の集団が大混乱になったと。

釈　そうです。信頼していた息子が違う道を歩みはじめて、自分の仲間たちにずいぶん迷惑をかけるようになった。その結果、親鸞聖人は、親子の縁を絶つという決心をします。当時の善鸞さんは、親鸞聖人の暮らしを経済的に支えていたので、これが断たれることになります。だから、大きな決断だったと思われます。

大平　親鸞聖人は当時八十歳を超えておられたのですよね。しかも自分の生活は成り立たなくなるかもしれない。親子の情からしても、ご自身の暮らしの状況からしても、親子の縁を切りたくない。でも、親鸞聖人は、「信仰」の問題にあっては大変厳しい。それは他者にだけではなく自分に対しても。

釈　親鸞という人は、仲間と一緒に泣いたり歌ったりする人だったようですが、その一方で仏道に関してはとても厳しい。この善鸞義絶にしても、『歎異抄』の第二条にしても、そのことが知られます。最古の仏典である『スッタニパータ』に出てくる、「犀《さい》の角《つの》のように、ただ一人歩め」という言葉が思い浮かぶような峻厳《しゅんげん》さです。

親鸞・善鸞の親子は、もともとすごく仲が良かったという記述が残っています。それだけに、八十歳を超えた親鸞聖人にとって、人生最大級の悲しい出来事だったでしょうね。

善鸞さん自身は、自分の教団のリーダー的存在となったようです。親鸞聖人は、それならそれで息子は別の道を行けばいいと思っておられたかもしれない。しかし問題は、善鸞さんが「自分は父親である親鸞聖人から特別な教えを受けている」と主張していたことです。

大平　善鸞さんが、「第十八願というのはしおれた花だ。親鸞聖人が最後におっしゃったのはもっと別の教えだ」と門弟の方たちに言ったとされていることですね。

釈　はい。これは、きっぱりと絶縁を宣言しないことには、混乱が生じるわけです。

では、その手紙の前半部分を読んでみましょう。

（手紙）

仰《おお》せられたること、くはしくききて候《そうろ》ふ。なによりは、哀愍房《あいみんぼう》とかやと申《もう》すなる人《ひと》の、京《きょう》より文《ふみ》を得《え》たるとかやと申《もう》され候《そうろ》ふなる、かへすがへす不思議《ふしぎ》に候《そうろ》ふ。いまだかたちをもみず、文一度《ふみいちど》もたまはり候《そうら》はず、これよりも申《もう》すこともなきに、京《きょう》より文《ふみ》を得《え》たると申《もう》すなる、あさましきことなり。

また慈信房《じしんぼう》の法文《ほうもん》のやう、名目《みょうもく》をだにもきかず、しらぬことを、慈信一《じしんいち》人《にん》に、夜親鸞《よるしんらん》がをしへたるなりと、人《ひと》に慈信房申《じしんぼうもう》されて候《そうろ》ふとて、これにも常陸《ひたち》・下野《しもつけ》の人々《ひとびと》は、みな親鸞《しんらん》がそらごとを申《もう》したるよしを申《もう》しあはれて候《そうら》へば、いまは父子《ふし》の義《ぎ》はあるべからず候《そうろ》ふ。

また母《はは》の尼《あま》にも不思議《ふしぎ》のそらごとをいひつけられたること、申《もう》すかぎりなきこと、あさましう候《そうろ》ふ。みぶの女房《にょうぼう》の、これへきたりて申《もう》すこと、慈《じ》信房《しんぼう》がたうたる文《ふみ》とて、もちてきたれる文《ふみ》、これにおきて候《そうろ》ふめり。慈信《じしん》房《ぼう》が文《ふみ》とてこれにあり。その文《ふみ》、つやつやいろはぬことゆゑに、ままははにいひまどはされたると書《か》かれたること、ことにあさましきことなり。

（現代語訳）

仰せになっていることを詳しく聞きました。何より哀愍房とかいう人が、京都のわたしから手紙をもらったなどといっているようですが、何とも考えられないことです。会ったこともなく、一度も手紙をいただいたことはありませんし、わたしから差し出したこともないのに、京都から手紙をもらったといっているとは、あきれたことです。

また、あなたがいっている教えについて、そのような言葉さえ聞いたことがなく、知らないことです。それをあなた一人に夜中にわたしが教えたと人にいっているとのことですが、そのためこのわたしについても、常陸の国や下野の国の人々はみな親鸞が嘘いつわりをいったなどと互いにいいあっているようです。こうなってはもはや親子の関係を続けるわけにはいきません。

また、母の尼についても考えられないような嘘いつわりをいいふらしたのは、とても言葉にできないほど嘆かわしいことです。壬生《みぶ》の女房がこちらに来て、慈信房がくださったといって持ってきた手紙をここに置いていったようです。その手紙がここにあります。これは、まさしくあなたの書いたものですから、そこに親鸞が継母にいい惑わされていると書かれていることは、本当に嘆かわしいことです。

「玉日」は実在人物か

釈　現在でも、ここに出てくる哀愍房という人は誰なのかよくわからないのですが、とにかく親鸞聖人は「そんな人は知らない、よくわからない、あきれたことだ」と書いておられます。慈信房とは善鸞さんのことです。慈信房があっちこっちで言っている教えの内容について、私は聞いたことがない、と言っておられる。

大平　継母というのは恵信尼さんですか。

釈　そうだと思います。善鸞さんは母親のことを随分悪く言っていたようです。

大平　恵信尼さんは善鸞さんの本当の母親ではなかったのでしょうか。

釈　これもよくわからないのです。「善鸞は前妻の子だったから、継母だと悪口を言っているという説」があり、「お母さんのことを悪く言うために継母という言葉を使ったという説」もあります。今のところ確定的な論証がありません。

大平　親鸞聖人は恵信尼さんと結婚される前に、ほかの方と結婚されていたという説もありますね。

釈　ええ、「親鸞は京都で玉日《たまひ》と結婚した。流罪後に越後の恵信尼と結婚した」「親鸞は京都で恵信尼と結婚した。玉日との結婚は伝説」「玉日と恵信尼は同一人物とする説」「京都で一回、流罪先で二回目、三回目の結婚が恵信尼」などがあります。

そうそう、近年、京都の玉日さんのお墓とされている場所から、お骨が発見されました。玉日実在説の新しい資料として注目されています。

また、親鸞聖人のお子さんが六人いたのか、七人いたのか、といった議論もあります。

後半を読んでみましょう。

苦悩を経て精力的に著作

（手紙）

まことにかかるそらごとどもをいひて、六波羅《ろくはら》の辺《へん》、鎌倉《かまくら》なんどに披露《ひろう》せられたること、こころうきことなり。これらほどのそらごとはこの世《よ》のことなれば、いかでもあるべし。それだにも、そらごとをいふこと、うたてきなり。いかにいはんや、往生極楽《おうじょうごくらく》の大事《だいじ》をいひまどはして、常陸《ひたち》・下《しも》野《つけ》の念仏者《ねんぶつしゃ》をまどはし、親《おや》にそらごとをいひつけたること、こころうきことなり。

第十八《だいじゅうはち》の本願《ほんがん》をば、しぼめるはなにたとへて、人《ひと》ごとにみなすてまゐらせたりときこゆること、まことに謗法《ほうぼう》のとが、また五逆《ごぎゃく》の罪《つみ》を好《この》みて、人《ひと》を損《そん》じまどはさるること、かなしきことなり。

（現代語訳）

本当に、このような嘘いつわりをいって、六波羅探題や鎌倉幕府などに申し立てたのは、情《なさけ》ないことです。この程度の嘘いつわりは、この世のことですから、よくあることでしょう。だからといって、嘘いつわりをいうことは心が痛むものです。まして、極楽浄土への往生というもっとも大切なことについて、常陸の国や下野の国の念仏者を惑わし、親にありもしない嘘いつわりをいったことは、情ないことです。

阿弥陀仏の第十八願をしぼんだ花にたとえたことで、人々はみな本願を捨ててしまったと聞いていますが、これはまさに謗法の罪であり、また、五逆の罪を進んで犯し、人をおとしめ惑わしていることは、悲しいことです。

釈　善鸞さんは、当時の行政や政府に申し立てをしたようですね。このことにも言及しています。そして、これらの嘘やデマは、世俗の問題だからどうでもいい、よくあることと書いておられます。親鸞聖人は、仏法は厳しく妥協がないけれど、世俗は「そらごとたわごと」と捉えておられる。とはいえ、やはり具合が悪いことである、とても情けないことである、そのように吐露されているのです。

また、お手紙のなかに「なぜこんなことになったのだろう」といった、ちょっとしたためらいがあります。息子にも事情があるのだろうが……、それにしても悲しい……と。

大平 関東で信仰上の疑義がおこったときに、それを沈静化させるために善鸞さんを遣わしたわけですから、善鸞さんを信頼なさっておられたのでしょう。なぜなんだという思いは当然あると思います。そして、それを手紙にしたためられるところに親鸞聖人のお人柄が感じられます。

釈 そしてこの問題があったからこそ、親鸞聖人の晩年の創作活動は活発になったとも言えます。

大平 困難を跳ね飛ばして力強く仏道を歩まれたのですね。

蓮位による代筆の書状

釈　もうひとつお手紙を読んでみましょう。これも大変興味深いものです。かなりのご高齢である親鸞聖人ですから、時には咳がとまらなくて、体調がすぐれず、手紙のお返事がご自身で書けない。そのため、そばにいた蓮位《れんい》さんが代筆して、「こんなふうに書きましたよ、よろしいですか」と確認のために見せたら、聖人がそれを読んで涙をこぼされたという手紙です。

まず、慶信《きょうしん》という人が親鸞聖人に手紙を出してきます。親鸞聖人は、手紙の中の教義に関する部分を添削していきます。そして、さらに返信を添付するのですが、これを蓮位が代筆するのです。慶信のお父さんは覚信《かくしん》という人でして、親鸞聖人に会うためにはるばる関東から京都へと向かった人物です。ちょうど『歎異抄』の第二条そのものです。

大平　途中で体をこわして「戻りなさい」と言われたけれど、「戻るのもここで死ぬのも聖人の所に行くのも同じ」と言った人ですね。

釈　そうそう、よくご存知ですね。

大平　このお手紙、とても好きです。どこでどうしようと治る時は治る、治らない時は治らない、だったら親鸞聖人にお会いして本当の仏法を聞いてから死にたい……、この方の胸の内を思うと、ぐっときます。

（手紙）※蓮位の添状

また南無阿弥陀仏《なもあみだぶつ》と申《もう》し、また無礙光如来《むげこうにょらい》ととなへ候《そうろ》ふ御不審《ごふしん》も、くはしく自筆《じひつ》に御消息《ごしょうそく》のそばにあそばして候《そうろ》ふなり。かるがゆゑに、それよりの御文《おんふみ》をまゐらせ候《そうろ》ふ。あるいは阿弥陀《あみだ》といひ、あるいは無礙光《むげこう》と申《もう》し、御名異《みなこと》なりといへども、心《こころ》は一《ひと》つなり。阿弥陀《あみだ》といふは梵語《ぼんご》なり。これには無量寿《むりょうじゅ》ともいふ、無礙光《むげこう》とも申《もう》し候《そうろ》ふ。梵漢異《ぼんかんこと》なりといへども、心《こころ》おなじく候《そうろ》ふなり。

そもそも、覚信坊《かくしんぼう》のこと、ことにあはれにおぼえ、またたふとくもおぼえ候《そうろ》ふ。そのゆゑは、信心《しんじん》たがはずしてをはられて候《そうろ》ふ。また、たびたび信心存知《しんじんぞんじ》のやう、いかやうにかとたびたび申《もう》し候《そうら》ひしかば、当時《とうじ》まではたがふべくも候《そうら》はず。いよいよ信心《しんじん》のやうはつよく存《ぞん》ずるよし候《そうら》ひき。のぼり候《そうら》ひしに、くにをたちて、ひといちと申《もう》ししとき、病《や》みいだして候《そうら》ひしかども、同行《どうぎょう》たちは帰《かえ》れなんど申《もう》し候《そうら》ひしかども、「死《し》するほどのことならば、帰《かえ》るとも死《し》し、とどまるとも死《し》し候《そうら》はんず。また病《やまい》はやみ候《そうら》はば、帰《かえ》るともやみ、とどまるともやみ候《そうら》はんず。おなじくは、みもとにてこそをはり候《そうら》はば、をはり候《そうら》はめと存《ぞん》じてまゐりて候《そうろ》ふなり」と、御《おん》ものがたり候《そうら》ひしなり。この御信心《ごしんじん》まことにめでたくおぼえ候《そうろ》ふ。善導和尚《ぜんどうかしょう》の釈《しゃく》（散善義）の二河《にが》の譬喩《ひゆ》におもひあはせられて、よにめでたく存《ぞん》じ、うらやましく候《そうろ》ふなり。をはりのとき、南無阿弥陀仏《なもあみだぶつ》、南無無碍光如来《なもむげこうにょらい》、南無不可思議光如来《なもふかしぎこうにょらい》ととなへられて、手《て》をくみてしづかにをはられて候《そうら》ひしなり。またおくれさきだつためしは、あはれになげかしくおぼしめされ候《そうろ》ふとも、さきだちて滅度《めつど》にいたり候《そうら》ひぬれば、かならず最初引接《さいしょいんじょう》のちかひをおこして、結縁《けちえん》・眷属《けんぞく》・朋友《ぼうう》をみちびくことにて候《そうろ》ふなれば、しかるべくおなじ法文《ほうもん》の門《もん》に入《い》りて候《そうら》へば、蓮位《れんい》もたのもしくおぼえ候《そうろ》ふ。また、親《おや》となり、子《こ》となるも、先世《せんぜ》のちぎりと申《もう》し候《そうら》へば、たのもしくおぼしめさるべく候《そうろ》ふなり。このあはれさたふとさ、申《もう》しつくしがたく候《そうら》へば、とどめ候《そうら》ひぬ。いかにしてか、みづからこのことを申《もう》し候《そうろ》ふべきや。くはしくはなほ申《もう》し候《そうろ》ふべく候《そうろ》ふ。この文《ふみ》のやうを、御《おん》まへにてあしくもや候《そうろ》ふとて、よみあげて候《そうら》へば、「これにすぐべくも候《そうら》はず、めでたく候《そうろ》ふ」と仰《おお》せをかぶりて候《そうろ》ふなり。ことに覚信坊《かくしんぼう》のところに、御涙《おんなみだ》をながさせたまひて候《そうろ》ふなり。よにあはれにおもはせたまひて候《そうろ》ふなり。

（現代語訳）

また、「南無阿弥陀仏」と称えたり、「帰命尽十方無礙光如来《きみょうじんじっぽうむげこうにょらい》」と称えたりすることについての疑問にも、聖人はご自筆で詳しくあなたのお手紙の余白にお書きになっています。ですから、あなたのお手紙を一緒にお送りします。「阿弥陀」といったり、「無礙光」といったり、言葉は異なっていますが、その意味は同じです。「阿弥陀」というのは梵語すなわちインドの言葉です。漢語では「無量寿」ともいい、「無礙光」ともいいます。梵語と漢語の違いはありますが、その意味は同じです。

思えば覚信房のことは、本当に悲しく、また尊いことであると思います。尊いというのは、信心が変ることなくお亡くなりになったからです。またその時、たびたび信心についてどのように心得ているのか尋ねましたところ、まったく変ることもなく、ますます信心が確かであるということでした。京都に着いた時、覚信房は、「関東を出発して一日市《ひといち》というところで病気になりました。同行した仲間は帰るようにいいましたが、死ぬほどの重い病気なら、帰っても死に、ここにとどまっても死ぬでしょう。また、病気が治るのなら、帰っても治り、ここにとどまっても治るでしょう。どうせ同じことであれば、命を終えるのなら聖人のもとで終えたいものと思ってやって来ました」とお話しになりました。このような覚信房の信心は本当に尊く思います。善導大師《ぜんどうだいし》の『観経疏《かんぎょうしょ》』に説かれている二河《にが》の譬えに思い合されて、本当に尊くうらやましいことです。臨終の時には、「南無阿弥陀仏、南無無礙光如来、南無不可思議光如来」と称えて、手を合せて静かに命を終えられました。また、後になったり先になったりして死に別れることは、悲しく嘆かわしいとお思いになるでしょうが、先立って浄土のさとりを開くと、必ず誓いを起して、はじめに縁のあるものや親族のものや親しい友を浄土に導くのですから、そのような覚信房と同じ教えの仲間ですので、わたしもたのもしく思います。また、親となり子となるのも過去の世からの因縁であるといいますから、あなたもたのもしくお思いにならなければなりません。このありがたさや尊さは、言葉で言い尽すことができませんので、ここまでにしておきます。これ以上どうすればわたしからこのことを申しあげることができるでしょうか。詳しくはまた申しあげようと思っています。この手紙の内容に間違いがあるかもしれないと思い、聖人の前で読みあげましたところ、「これで十分です。申《もう》し分《ぶん》ありません」というお言葉をいただきました。特に覚信房のところでは、涙を流していらっしゃいました。本当に深く悲しんでおられました。

法友の客死に涙

釈　当時、関東から京都へは一カ月半もかかったので、旅の途中で死ぬ人もいました。その方も往生したのですけど、息子さんからの手紙に、「あなたのお父さんこんな人でしたよ」と返信の中で書いているのです。その部分を読んだ親鸞聖人は、涙を流された。「もうこれ以上書くことはできないでしょう」と言った。覚信さんのご信心や、求道の姿を偲んで泣かれたのでしょうね。代筆した蓮位は、覚信の歩みを「二河白道」になぞらえています。また、「尊く、うらやましい」と書いています。

大平　「二河白道」というのは、七高僧の第五祖、中国の善導大師が浄土教の信心を喩えたものですよね。奈良国立博物館で見たことがあります。

釈　浄土教や浄土真宗のお寺にも、この「二河白道」の絵がよく飾ってあります。火と水が迫り来る恐ろしい二河に挟まれた細く白い道。

大平　右側の水の河は貪りや執着《しゅうじゃく》の心、左側の火の河は怒りや憎しみを表したものですね。

釈　さまざまな煩悩が襲いかかるこの道を、仏の呼び声を聞きながら命がけで進むのです。自分にはこの道しかない。

それから親鸞聖人が、慶信さんの手紙を添削した部分を読んでもおもしろいですよ。解釈がゆがんだり、誤解が生まれたりしないように、細かな添削をしておられます。たとえば、慶信房は「一念するに往生定まりて」と書いているのですが、これを聖人は「一念までの往生定まりて」と添削しています。これは「一度の念仏で往生が定まる」と書いてあるのを、「少なくとも一声の念仏によって」と訂正しているわけです。一度の念仏にとどまってしまうことへの懸念からの教導です。また慶信房が一声の念仏について書いてある箇所に、「聞名」と書き添えておられます。これは称名（阿弥陀仏の名を称える）と聞名（阿弥陀仏の呼び声を聞く）とをひとつにとらえる親鸞聖人ならではのところでしょう。

大平　一度の念仏にとどまってしまうことへの懸念とは、法然門下で問題になった一念義と多念義との対立に関係することでしょうか。

釈　はい。一念義というのは、念仏によって救われるというなら、念仏は行ではないから一度念仏を申したらそれで十分ではないかと。そして念仏によってどんな者も救われるなら、念仏を申した後、どんな悪を行っても浄土往生には何のさしさわりもないという造悪無礙という主張につながりやすい。多念義というのは、法然聖人も称名念仏をされて行業正しく生活されていたのだから、私たちも行業正しく努めなければならないという賢善精進という主張につながりやすい。親鸞聖人は、一念がいいとか多念がいいとかではなく、他力の念仏によって往生するのだということを明らかにされました。

大平　だから細かいところまで手をいれられているのですね。

釈　さて、この慶信房の手紙には「念仏している人の中には『南無阿弥陀仏』以外に『無礙光如来』とか『帰命尽十方無礙光如来』と称える人がいます。それを批判する人がいます。どう理解すればいいのでしょうか」という追伸があります。その返事に親鸞聖人は「それは間違っておりません。帰命は南無と同じこと、無礙光仏は阿弥陀さまのこと、だから南無阿弥陀仏と称えることと同じだ。それを批判する人が間違っている」と書いておられます。でも、咳がひどくて蓮位が代筆することになったようです。

そして、慶信房の父である覚信房の往生について、「とても心をうたれた。尊いことであった」と蓮位が書き、親鸞聖人はそれを読んで泣かれたわけです。

大平　まさに「無礙の一道」ですね。

釈　手紙を読むと、蓮位も聖人も、覚信房がお浄土に往かれたことを確信していることがわかります。これは、同じ道を歩んでいる者同士ならではの確信です。ここは微塵も疑いがないでしょう。まさに当事者たちの宗教的基盤の部分ですね。これぞ御同朋・御同行の領域です。

覚信房は、親鸞聖人に会うための旅の途中で病に倒れます。みんなは、「引き返した方がよい」と勧めるのですが、「どうせ今生の命が途切れるなら親鸞聖人のもとで」

と、旅を続けます。命がけの求道、命がけの聞法です。そして、臨終のときは、「南無阿弥陀仏、南無無礙光如来、南無不可思議光如来」と称えて、手を合わせて静かに息を引き取った。そのあり様を息子に手紙で知らせているのです。この手紙を読むと、『歎異抄』の第二条が、リアルに迫ってきます。そんな命がけで訪ねて来た仲間に対して、親鸞という人は「別の仔細なきなり」「面々のおはからいなり」と言い放っているのです。

大平　「この私」が「この人」についていくかどうかということを、一人一人が問われているということですね。

釈　仏法のこととなれば、とても厳しい人です。わが子だって勘当するのですから。と同時に、同朋の最期の様子に思いをはせて泣く、それも親鸞という人なのです。この振り幅がこの人の魅力じゃないでしょうか。

家族をもつことによる苦悩

釈　善鸞さんの事件は、親鸞聖人にとってとても大きな出来事だったと思われます。すでに年齢は八十を超えていた。人生の終盤において、深い悲しみと直面することになります。しかし、ここから親鸞聖人は猛烈に著作するんです。和讃や手紙なども含めて、著作量がすごく増える。ですから、「善鸞さんがいたおかげで、我々は親鸞聖人の著作をいろいろ読むことができるのだ」と言う人もいます。

大変な高齢になって、苦悩と向き合い、内面が噴出させる。親鸞聖人はすごい人だと思いますね。また、これも家庭を持った人ゆえの苦しみだと言えるでしょう。ここがポイントです。

大平　そうですね。私たちと同じ苦労をかかえていた親鸞聖人の言葉だから、私たちの心にすーっと入ってくるのですよね。この人は私たちと違うと思うと、いくらありがたいことを言われても、心を素通りしてしまいますから。

釈　他宗派の祖師方には、こういう苦労を抱えた人はいないわけです。親鸞聖人でさえわが子を思い通りにすることはできない。それが人間の実相です。我々の姿ですね。最初期の仏典のひとつ『ダンマパダ』にも、「自分さえも思い通りにならないのに、どうして子どもが思い通りになろうか」などと書いてあります。

ただ、善鸞さんに関する事件の真筆は残っておらず、書写したものしかないので、この事件は反・善鸞グループによる捏造《ねつぞう》だという説もあります。

現在のところ確認できる親鸞聖人のお手紙は四十三通。そのうち真筆だとわかっているのは十一通です。

最後の日付のものは真筆で残っています。かなり文字が乱れています。本当に体調が悪かったのでしょう。それが以下に取り上げるものです。往生される二週間ほど前のお手紙です。

（手紙）

このいまごぜんのははの、たのむかたもなく、そらう（所領）をもちて候《そうら》はばこそ、譲《ゆず》りもし候《そうら》はめ。せんしに候《そうら》ひなば、くにの人々《ひとびと》、いとほしうせさせたまふべく候《そうろ》ふ。この文《ふみ》を書《か》く常陸《ひたち》の人々《ひとびと》をたのみまゐらせて候《そうら》へば、申《もう》しおきて、あはれみあはせたまふべく候《そうろ》ふ。この文《ふみ》をごらんあるべく候《そうろ》ふ。このそくしやうばうも、すぐべきやうもなきものにて候《そうら》へば、申《もう》しおくべきやうも候《そうら》はず。身《み》のかなはず、わびしう候《そうろ》ふことは、ただこのことおなじことにて候《そうろ》ふ。ときにこのそくしやうばうにも、申《もう》しおかず候《そうろ》ふ。常陸《ひたち》の人々《ひとびと》ばかりぞ、このものどもをも、御《おん》あはれみあはれ候《そうろ》ふべからん。いとほしう、人々《ひとびと》あはれみおぼしめすべし。この文《ふみ》にて、人々《ひとびと》おなじ御《おん》こころに候《そうろ》ふべし。あなかしこ、あなかしこ。

（現代語訳）

このいまごぜんの母は頼りとする人もなく、もしわたしが領地を持っていたなら譲りもしたでしょう。わたしが死んだら、常陸の国のみなさんは、どうか気の毒に思ってあげてください。この手紙をお送りする常陸の国のみなさんを頼りにしておりますので、気にかけてくださいますようお伝えになってください。この手紙をお見せになってください。このそくしょう房も、生計を立てる手だてを持っていませんので、いまごぜんの母について何もいうことができません。自分ではどうすることもできず、心細く思っていることは二人とも同じなので、そくしょう房に何もいってはおりません。常陸の国のみなさんしか、これらのものを気にかけてくださらないでしょう。どうか気の毒に思って、気にかけてあげてください。この手紙をご覧になって、みな同じようにご配慮ください。謹んで申しあげます。

釈　ここに出てくる「いまごぜん」「そくしょう房」とは、誰のことなのかはっきりしていません。親鸞聖人の娘・息子のことだろうとは言われています。「私はもう何もしてあげられませんが、皆さんどうか気にかけてあげてください」という内容です。

大平　私もハンディのある娘がいますので同じ思いです。身につまされます。

釈　立派な辞世の句を書いて息を引き取れば、高僧っぽくってかっこいいのですが（笑）、親鸞聖人はこんな手紙が絶筆となっているわけです。ある意味では、とてもみっともない手紙が最後のものになっているのです。

大平　この血の通ったところに惹かれますね。

釈　私はここに胸をうたれます。まさに、「愚者の仏道」を歩み切った人なのだと感じます。法然聖人が説いた「愚者の仏道」を見事に生き抜いた。最後の最後まで、泥のなかを這いずりながら歩み抜いた。これぞ大乗の至極《しごく》、そんな印象を受けます。

大平　だからあなたも「愚者の仏道を」生きぬいて。ん？　どこかで聞いたような（笑）。

往生間違いなし――恵信尼さまの手紙

釈　では、次に恵信尼さまの手紙を読みたいと思います。

親鸞聖人と恵信尼さまの娘・小黒《おぐろ》の女房がお亡くなりになったあと、恵信尼さまは小黒の女房の子どもを育てていました。また、息子の有房《ありふさ》（益方入道《ますかたにゅうどう》）の子どもも預かっていました。いやあ、本当に俗世の営みですね。親鸞聖人や恵信尼さまは、念仏・信心を軸にして、夫婦として、親として、この世俗を精一杯暮らしておられたわけです。そういったナマの声が、手紙から読み取れて興味深いですよ。

（手紙）

去年《こぞ》の十二月《しわす》一日《ついたち》の御文《おんふみ》、同二十日《おなじきはつか》あまりに、たしかにみ候《そうら》ひぬ。なによりも殿《との》（親鸞）の御往生《ごおうじょう》、なかなかはじめて申《もう》すにおよばず候《そうろ》ふ。

（現代語訳）

去年の十二月一日付のお手紙、同二十日過ぎに確かに読みました。何よりも聖人が浄土に往生なさったことについてはあらためて申しあげることもありません。

釈　恵信尼さまの手紙は十通発見されました。そのうち第一通目と第二通目は譲り状なので、内容的に見るところはありません。これは第三通目ですが、手紙としては一通目のように扱われています。第三通目の冒頭部分です。

やはり注目すべきは、パートナーである親鸞聖人の往生を「あらためていうほどでないほど確かでございます」と書いているところです。発見された恵信尼さまの手紙はいずれも、末娘の覚信尼さんへ宛てたものです。つまり、察するに、覚信尼さんが「父・親鸞の往生は間違いないのでしょうか？」と、母である恵信尼さまに尋ねたのでしょう。その返事なんですね。

大平　親鸞聖人と心の深いところでつながっておられたのですね。

釈　先ほども言いましたように、京で暮らす親鸞聖人から離れ、恵信尼さまは越後で孫を育てながら暮らしていました。親鸞聖人のそばには、末娘の覚信尼さんがおられた。

　親鸞聖人の臨終を看取った覚信尼さんは、「これほどすばらしい念仏者なのだから、何か『往生の奇瑞』があるに違いない」と考えていたのでしょう。これは、当時、立派な念仏者や高僧が亡くなる時は、美しい色の雲がたなびいたり、妙なる音楽が聞こえてきたり、そういった奇瑞が起こると信じられていました。平安末期に盛んに編纂された「往生伝」などには、そういったエピソードが数多く記されています。だから、「何かが起こる」と期待するのも無理はないのです。

大平　なるほど。

釈　ところが、親鸞聖人の臨終では、何も特別な現象は起こらず、ごく普通に息を引き取られた。『御伝鈔《ごでんしょう》』の言葉を借りますと、「念仏の息、絶えおわんぬ……」という静かなものでした。そのため覚信尼は、母・恵信尼に「お父さんの往生は大丈夫なのか」と問う手紙を書いたと思われます。その疑問に対し、母は「往生は間違いない」と明言するわけです。親鸞聖人と恵信尼さまは、人生の終盤、離れて暮らしていましたが、「あの方の往生は間違いない。それはあまりに当然のことであって、わざわざ言うべきではないほどだ」と言い切れるほどの関係であったことがわかります。これもまた、宗教の領域ならではの主体的真実による確信ですね。先ほどの、蓮位などと同様です。同じ道を歩む同朋・同行だからこそ、はっきりと、手に取るように、現前で展開されているかのごとく、往生間違いなしとわかるのです。

また、この手紙には、妻でないとわからない若き日の状況が綴られています。親鸞聖人という人は自分のことをほとんど語り残していないので、恵信尼さまの手紙は本当に貴重な資料です。

第三通目の続きを読みますと、とても有名なエピソードが出てきます。

六角堂の夢告

（手紙）

山《やま》を出《い》でて、六角堂《ろっかくどう》に百日籠《ひゃくにちこも》らせたまひて、後世《ごせ》をいのらせたまひけるに、九十五日《くじゅうごにち》のあか月《つき》、聖徳太子《しょうとくたいし》の文《もん》を結《むす》びて、示現《じげん》にあづからせたまひて候《そうら》ひければ、やがてそのあか月出《つきい》でさせたまひて、後世《ごせ》のたすからんずる縁《えん》にあひまゐらせんと、たづねまゐらせて、法然上人《ほうねんしょうにん》にあひまゐらせて、また六角堂《ろっかくどう》に百日籠《ひゃくにちこも》らせたまひて候《そうら》ひけるやうに、また百《ひゃっ》か日《にち》、降《ふ》るにも照《て》るにも、いかなるたいふにも、まゐりてありしに、ただ後世《ごせ》のことは、よき人《ひと》にもあしきにも、おなじやうに、生死出《しょうじい》づべき道《みち》をば、ただ一《ひと》すぢに仰《おお》せられ候《そうら》ひしを、うけたまはりさだめて候《そうら》ひしかば、「上人《しょうにん》のわたらせたまはんところには、人《ひと》はいかにも申《もう》せ、たとひ悪道《あくどう》にわたらせたまふべしと申《もう》すとも、世々生々《せせしょうじょう》にも迷《まよ》ひければこそありけめ、とまで思《おも》ひまゐらする身《み》なれば」と、やうやうに人《ひと》の申《もう》し候《そうら》ひしときも仰《おお》せ候《そうら》ひしなり。

（現代語訳）

聖人は比叡山を下りて六角堂に百日間こもり、来世の救いを求めて祈っておられたところ、九十五日目の明け方に、夢の中に聖徳太子が現れてお言葉をお示しくださいました。それで、すぐに六角堂を出て、来世に救われる教えを求め、法然聖人にお会いになりました。そこで、六角堂にこもったように、また百日間、雨の降る日も晴れた日も、どんなに風の強い日もお通いになったのです。そして、ただ来世の救いについては、善人にも悪人にも同じように、迷いの世界を離れることのできる道を、ただひとすじに仰せになっていた法然聖人のお言葉をお聞きして、しっかりと受けとめられました。ですから、「法然聖人のいらっしゃるところには、人が何といおうと、たとえ地獄へ堕ちるに違いないといおうとも、わたしはこれまで何度も生《うま》れ変り死に変りして迷い続けてきた身であるから、どこへでもついて行きます」と、人がいろいろといったときも仰せになっていました。

大平　「女犯《にょぼん》の偈《げ》」といわれているものですね。親鸞聖人はどうして比叡山を下りられたのですか。

釈　親鸞聖人は九歳のときに青蓮院《しょうれんいん》で得度したとされています。出家後二十年という歳月を比叡山で過ごし、堂僧として常行三昧《じょうぎょうざんまい》という厳しい修行をされていました。しかし、苦悩は解決しなかったのでしょう。

大平　それで救いを求められて六角堂に籠もられたのですね。でもなぜ六角堂だったのですか？

釈　聖徳太子は、当時の日本人にとって釈迦ともいえるほどの存在でした。親鸞聖人もかねてから太子を思慕し、十九歳の時には廟所に参籠して「磯長《しなが》の夢告」という体験をしています。

大平　夢ですか。

釈　そうです。中世の人は夢を大事にしていました。夢において、聖なる世界からのメッセージを聞くことができると考えていました。夢で真実とは何かを判断するなど、夢への態度や意味が現代人とずいぶん違います。親鸞聖人が六角堂に百日間籠られた時、九十五日目の明け方に聖徳太子が夢に出てきて、ある言葉を伝えた……。太子は救世《くせ》観音菩薩の姿で現れたのです。これが「六角堂の夢告」です。

九十五日目に聖徳太子（救世観音）がどんな言葉を伝えたのか、その内容は不明です。恵信尼さまはこの手紙の最後に、「その示現の文を書き記しておきます」と書いていますが、現存していません。

示現の文に関しては、「行者宿報設女犯　我成玉女身被犯　一生之間能荘厳　臨終引導生楽（行者、宿報にてたとひ女犯すとも、われ玉女の身となりて犯せられん。一生のあひだ、よく荘厳して、臨終に引導して極楽に生ぜしめん）」という「女犯偈」がそれだとする説や、「大慈大悲本誓願　愍念衆生如一子　是故方便従西方　誕生片州興正法　我身救世観世音……（大慈大悲の本誓願、衆生を一子のごとく愍念し、このゆえに方便して西方より片州に誕生して正法を興す。我が身は世を救《たすく》る観世音なり……）」という「太子廟窟偈」がそれだとする説などがあります。

聖徳太子は観音の化身だとする信仰は、かなり古くからあったようですね。

大平　夢のお告げを信じて、その後、親鸞聖人は法然聖人のところに百日通われたのですね。

釈　そうなんです。そのうえで、法然聖人のもとへと身を寄せます。そして、「上人のわたらせたまはんところには、人はいかにも申せ、たとひ悪道にわたらせたまふべしと申すとも……」とあるような境地へと至ります。このあたりは、やはり『歎異抄』の第二条を連想しますね。

大平　唯円さんだけではなく、恵信尼さまも聞いておられた。そしてそれをわざわざ書いて娘に伝えたということですね。

釈　はい。

そして、この手紙では再び夢のお話が綴られています。

恵信尼さまの夢

（手紙）

さて常陸《ひたち》の下妻《しもつま》と申《もう》し候《そうろ》ふところに、さかいの郷《ごう》と申《もう》すところに候《そうら》ひしとき、夢《ゆめ》をみて候《そうら》ひしやうは、堂供養《どうくよう》かとおぼえて、東向《ひんがしむ》きに御堂《みどう》はたちて候《そうろ》ふに、しんがくとおぼえて、御堂《みどう》のまへにはたてあかししろく候《そうろ》ふに、たてあかしの西《にし》に、御堂《みどう》のまへに、鳥居《とりい》のやうなるによこさまにわたりたるものに、仏《ほとけ》を掛《か》けまゐらせて候《そうろ》ふが、一体《いったい》は、ただ仏《ほとけ》の御顔《みかお》にてはわたらせたまはで、ただひかりのま中《なか》、仏《ほとけ》の頭光《ずこう》のやうにて、まさしき御《おん》かたちはみえさせたまはず、ただひかりばかりにてわたらせたまふ。いま一体《いったい》は、まさしき仏《ほとけ》の御顔《みかお》にてわたらせたまひ候《そうら》ひしかば、「これはなに仏《ほとけ》にてわたらせたまふぞ」と申《もう》し候《そうら》へば、申《もう》す人《ひと》はなに人《びと》ともおぼえず、「あのひかりばかりにてわたらせたまふは、あれこそ法然上人《ほうねんしょうにん》にてわたらせたまへ。

勢至菩薩《せいしぼさつ》にてわたらせたまふぞかし」と申《もう》せば、「さてまた、いま一体《いったい》は」と申《もう》せば、「あれは観音《かんのん》にてわたらせたまふぞかし。あれこそ善信《ぜんしん》の御房《おんぼう》（親鸞）よ」と申《もう》すとおぼえて、うちおどろきて候《そうら》ひしにこそ、夢《ゆめ》にて候《そうら》ひけりとは思《おも》ひて候《そうら》ひしか。さは候《そうら》へども、さやうのことをば人《ひと》にも申《もう》さぬときき候《そうら》ひしうへ、尼《あま》（恵信尼）がさやうのこと申《もう》し候《そうろ》ふらんは、げにげにしく人《ひと》も思《おも》ふまじく候《そうら》へば、てんせい、人《ひと》にも申《もう》さで、上人《しょうにん》（法然）の御《おん》ことばかりをば、殿《との》に申《もう》して候《そうら》ひしかば、「夢《ゆめ》にはしなわいあまたあるなかに、これぞ実夢《じつむ》にてある。上人《しょうにん》をば、所々《しょしょ》に勢至菩薩《せいしぼさつ》の化身《けしん》と、夢《ゆめ》にもみまゐらすることあまたありと申《もう》すうへ、勢至菩薩《せいしぼさつ》は智慧《ちえ》のかぎりにて、しかしながら光《ひかり》にてわたらせたまふ」と候《そうら》ひしかども、観音《かんのん》の御《おん》ことは申《もう》さず候《そうら》ひしかども、心《こころ》ばかりはそののちうちまかせては思《おも》ひまゐらせず候《そうら》ひしなり。かく御《おん》こころえ候《そうろ》ふべし。

（現代語訳）

さて、常陸の国、下妻のさかいの郷というところにいたとき、夢を見ました。それはお堂の落慶法要かと思います。お堂は東向きに建っていて、宵祭りが行われているのでしょうか、お堂の前にはたいまつが明るく燃えていました。たいまつの西のお堂の前に、鳥居のようなものがあり、その横木に仏の絵像が掛けられていましたが、一つは普通の仏のお顔ではなく、仏の頭光《ずこう》のようであり、はっきりとお姿を拝見することができず、ただ光輝いているばかりでいらっしゃいました。もう一つは確かに仏のお顔でしたので、「これは何という仏さまなのでしょうか」と尋ねると、答えた人は誰であるかよくわかりませんが、「あの光輝いているばかりでいらっしゃるのは、まさしく法然聖人です。それは勢至菩薩なのです」というので、「それでは、もう一方《ひとかた》は」と尋ねると、「あれは観音菩薩です。まさしく善信房なのです」というのを聞きました。その時はっと目が覚めて、夢であったとわかったのです。けれども、こんなことは人に話すものではないと聞いていましたし、わたしがそのようなことをいったところで、人は本当のことだと思うはずがないので、まったく人にもいわないで、法然聖人のことだけを親鸞聖人に申しあげると、「夢にはいろいろあるけれども、それは正夢です。法然聖人は勢至菩薩の化身であるといわれ、それを夢に見ることもよくあるといわれます。また、勢至菩薩はこの上ない智慧そのものであり、それはそのまま光となって輝いていらっしゃるのです」と仰せになりました。観音菩薩のことは申しあげずにおりましたが、その後は心の中で、聖人を普通の人と思わずに過してきました。あなたもこのようにお心得ください。

釈 こちらは恵信尼さまの夢ですね。お堂の夢を見た、そのお堂には鳥居のようなものがあり、二幅の仏さまの絵像がかけられてあった。「あの仏さまは、どなたですか」と尋ねると、一人は勢至菩薩であり法然聖人である、もうひとりは観音菩薩であり善信さま（親鸞聖人）だったというのです。そういう夢を見たのですが、恵信尼さまは目が覚めてから、夫である親鸞聖人に「法然聖人が勢至菩薩だという夢を見た」という部分だけお話したんですね。そうしたら親鸞聖人は「その夢は真実だ」と答えた。でも、「親鸞聖人が観音菩薩だった」という部分は言わなかったのです。そのことを、親鸞聖人が往生されてから末娘に告げた。

そんなわけで、親鸞聖人は六角堂で「観音菩薩と結婚する夢」を見たのですから、恵信尼さまのことを観音菩薩の化身だという思いで暮らしておられたでしょうし、恵信尼さまは親鸞聖人のことを観音菩薩の化身であるのは（人に言うまでもないほど）確かだとして暮らしていた。

お互いに相手を観音菩薩が自分を導くために側に居てくださるのだという思いで暮らしていたのです。これは『無量寿経』で説かれている「まさに相い敬愛すべし」の実例じゃないでしょうか。

大平　恵信尼さまが「親鸞聖人が観音菩薩だった」という部分を言わなかったというところに、お人柄が表れているように思います。お互いを観音菩薩だと思って敬愛しあっておられたのに、晩年を離ればなれで過ごされもう会うことがなかったというのは、さぞおつらかったことでしょう。

釈　ほんとですよね。

さてこのような夢の話が続いた後、第三通では親鸞聖人の臨終の話になります。益方（有房）という息子がいるのですが、この人も父・親鸞の臨終場面にいたようです。末娘・覚信尼や、親鸞聖人の弟・尋有《じんう》もいました。母・恵信尼は、子どもが臨終を看取るのは尊いことだと考えていたのですね。こういうことも、親鸞聖人ならではの事態です。普通は僧侶に家族はありませんので。

孫の生活に思い悩む

（手紙）

されば御《ご》りんず（臨終）はいかにもわたらせたまへ、疑《うたが》ひ思《おも》ひまゐらせぬうへ、おなじことながら、益方《ますかた》も御《ご》りんず（臨終）にあひまゐらせて候《そうら》ひける、親子《おやこ》の契《ちぎ》りと申《もう》しながら、ふかくこそおぼえ候《そうら》へば、うれしく候《そうろ》ふ、うれしく候《そうろ》ふ。

またこの国《くに》は、去年《こぞ》の作物《つくりもの》、ことに損《そん》じ候《そうら》ひて、あさましきことにて、おほかたいのち生《い》くべしともおぼえず候《そうろ》ふなかに、ところどもかはり候《そうら》ひぬ。一《ひと》ところならず、益方《ますかた》と申《もう》し、またおほかたはたのみて候《そうろ》ふ人《ひと》の領《りょう》ども、みなかやうに候《そうろ》ふうへ、おほかたの世間《せけん》も損《そん》じて候《そうろ》ふあひだ、なかなかとかく申《もう》しやるかたなく候《そうろ》ふなり。かやうに候《そうろ》ふほどに、年《とし》ごろ候《そうら》ひつる奴《やつ》ばらも、男二人《おとこふたり》、正月《しょうがつ》うせ候《そうら》ひぬ。なにとして、物《もの》をも作《つく》るべきやうも候《そうら》はねば、いよいよ世間《せけん》たのみなく候《そうら》へども、いくほど生《い》くべき身《み》にても候《そうら》はぬに、世間《せけん》を心《こころ》ぐるしく思《おも》ふべきにも候《そうら》はねど、身一人《みひとり》にて候《そうら》はねば、これらが、あるいは親《おや》も候《そうら》はぬ小黒女房《おぐろのにょうぼう》の女子《おんなご》、男子《おのこご》、これに候《そうろ》ふうへ、益方《ますかた》が子《こ》どもも、ただこれにこそ候《そうら》へば、なにとなく母《はは》めきたるやうにてこそ候《そうら》へ。いづれもいのちもありがたきやうにこそおぼえ候《そうら》へ。

（現代語訳）

ですから、臨終がどのようなものであったとしても、聖人の浄土往生は疑いなく、それが変ることはありませんが、益方も臨終に立ち会ったそうで、親子とはいいながらその縁がよほど深かったのだと思いますので、心からうれしく思います。

また、この越後では去年の作物のできが特に悪く、ひどいありさまで、人々が生きていけるかどうかわからない中、住むところを変えました。この辺りだけでなく、益方の方も、またわたしが頼りにしている人の領地もみなこのようなありさまであり、世間の人のほとんどが被害を受けている中で、あれこれといっても仕方ありません。このようなありさまですので、長い間仕えていた男二人が正月にいなくなってしまいました。どうにも作物を作る手だてがありませんので、ますます生活が不安なことですが、この先それほど長く生きる身でもありませんし、気にやむ程ではありません。けれどもわたし一人ではなく、こちらには親のいない小黒の女房の娘や息子がいますし、益方の子供もいますので、何となく母親になったような気さえしています。これらの子供たちがこの先無事に生きていけるか気がかりでなりません。

釈　恵信尼さまは越後で土地をもっていましたが、この手紙が書かれた当時、作物の出来が悪くて、とても厳しい状態だったことが知られます。

この時、恵信尼さまは八十二、三歳でしょうか。先ほどお話ししましたように、小黒女房の子も、益方の子も、引き取っていたようです。おばあちゃんが孫の暮らしを心配していますね。

大平　「何となく母親になったような気さえしています」という文面から深刻さが伝わってきます。祖父母が孫の面倒をみるという程度ではなく、本当に親としてその子たちを育てておられたのですね。子供たちの将来を案じている苦悩がにじみ出ています。

釈　出家者なら自分一人だけの問題となりますが、家庭を営み世俗を生きると、家族の問題も抱えることになります。もちろん家族は大きな喜びをもたらしてくれますが、苦悩も生じる。出家者はそれを避けるわけです。

出家のライフスタイルのほうが、苦悩を生み出す要素は少ない。在俗の中を生きれば、仕事や子育て、ご近所とのおつき合いなど、さまざまな場面と向き合っていかねばならない。

この苦悩の世俗を、仏教の教えに導かれながら歩むのが大乗仏教的精神でしょう。他力念仏の仏道は、在俗のど真ん中にあります。そのあたりがリアルに表現されているお手紙だと読み取ることも可能です。ここに浄土真宗の特性があります。

大平　苦しみや悩み多き人生をどう生きぬいていくかということですよね。

先人が歩んだこの道を行く

釈　こうしてお手紙を読むと、今も当時の人も同じようなことで悩み苦しんでいることがわかります。いつの世も変わらない苦しみがあり、その先を先人が歩んでくれている。この道を行けば救われるという実感がある、それはとても大きい。そういったことを考えさせてくれるお手紙です。

大平　時代が変わっても、人間の悩みや苦しみというのは同じなんですね。

釈　宗教グループって、次々と生まれては、消えていっているんですよ。新しい宗教グループだって、なかなかいいことを言っていたりします。言説だけ聞くと、よくできているものもある。しかし、歴史に淘汰されていく。その意味で、歴史の中で鍛錬され、練り上げられてきた宗教体系というのは、やはりたいしたものだと感じます。

宗教というものは、社会とは別の価値体系をもっています。だから、時には社会とバッティングする。そうやってずっと社会とせめぎ合い、折り合いながら残ってきた確かさというのがあります。これって宗教の領域ならではの事情かもしれませんね。ほかの領域だと、新しい方に有益なものが多くて塗り替えられていきます。しかし、宗教の場合はそうじゃないです。むしろ原点へと帰るムーブメントが起こったりします。そしてなにより、「この道で間違いなく救われた人がいる」という真実がなければ残りませんからね。

大平　新しい宗教の主張は明確で人をわかったような気にさせる。でも非常に危なっかしい部分もたくさんあって、それを見分けるだけの力が自分になければ流れに巻き込まれてしまいますよね。

伝統仏教は長年、社会の中で息づいてきたのですから、必ずそこに真実があるわけです。しかし残念なことに、インパクトが弱い。そこをこれからどうするかを考えていかなければなりませんね。

釈　伝統仏教には体系の強さがあります。一方、新しい宗教体系や宗教グループは、個人の強さに依るところが大きい。また、新しい宗教はトゲがいっぱい出ていて、社会とぶつかります（笑）。だから、やはり魅力的ですね。伝統宗教は、社会と折り合っていますから、すっかりトゲがなくなっている。やはり宗教的魅力は低減していきます。これはどこの国でも同じような事情です。

大平　若い人たちは、自分の悩みや苦しみにすぐに答えを出してくれるところに行く傾向がありますね。すぐに答えを聞きたがるというのは宗教だけではなく法曹界でもそうです。

釈　教団が大きくなるとフットワークが重くなる。その点、新しい教団は個々人の活動がすぐに教団へと反映されるので、そういった魅力もあります。

浄土真宗は、伝統宗教の中では、なかなかトゲをもった教団ですけど（笑）、本願寺派などは巨大教団ですからね。

大平　『歎異抄』はトゲだらけやと思います（笑）。

釈　とにかく、伝統宗教ならではの体系の強さを生かし、さらに個々が柔軟な取り組みを実践していく、そんな意識が大切なのでしょう。

大平　最後に、親鸞聖人のお人柄がでていて素敵だなと思うものがあります。これは伝説だといわれているそうですが、真実はどうであれ、いかにも親鸞聖人がおっしゃりそうだと感じています。

我が歳きわまりて
安養浄土に還帰すというとも
和歌のうらわの片男波の
寄せかけ寄せては帰らんに同じ
一人居て喜ばは二人と思うべし
二人居て喜ばは三人と思うべし
その一人は親鸞なり
我なくも法は尽きまじ和歌の浦
あおくさ人のあらんかぎりは

（御臨末の御書）

大平　何百回、何千回聞いても、ええな～。

【著者紹介】
釈　徹宗（しゃく　てっしゅう）

1961年、大阪府生まれ。相愛大学人文学部教授。専門は宗教学、比較宗教思想。浄土真宗本願寺派如来寺住職、NPO法人「リライフ」代表。

著　書…『ブッダの伝承者たち』(角川選書)、『死では終わらない物語について書こうと思う』(文藝春秋)、『落語に花咲く仏教宗教と芸能は共振する』(朝日新聞出版)、『おてらくご』『随縁つらつら対談』（本願寺出版社）他

大平　光代（おおひら　みつよ）

1965年、兵庫県生まれ。弁護士。中学時代のいじめを苦に非行に走るが、猛勉強の末、29歳で司法試験に一発合格。波乱の半生を描いた『だから、あなたも生きぬいて』(講談社)はベストセラーに。元大阪市助役。この間、中央仏教学院で仏教を学ぶ。

著　書…『ひかりのなかで ―私の子育て・仏教・田舎暮らし―』『はるちゃんのいただきます』（本願寺出版社)、『あせらずあわてずあるがまま』（友久久雄氏との共著／本願寺出版社）他

釈徹宗・大平光代共著『この世を仏教で生きる』（本願寺出版社）

歎異抄はじめました　―親鸞聖人から届いたメッセージ―

2018年4月10日　第1刷発行
2020年8月10日　第2刷発行

著　者　釈　徹宗　大平光代

発　行　本願寺出版社
〒600-8501
京都市下京区堀川通花屋町下ル　浄土真宗本願寺派（西本願寺）
TEL075-371-4171　FAX075-341-7753
http://hongwanji-shuppan.com/

印　刷　株式会社図書印刷同朋舎

定価はカバーに表示してあります

BD21-SH2-①80-02　ISBN978-4-89416-038-5